汉 语 知 识 丛 书

礼貌语言

陈松岑　著

2019年·北京

图书在版编目(CIP)数据

礼貌语言/陈松岑著.—北京:商务印书馆,2001
(2019.10重印)
(汉语知识丛书)
ISBN 978-7-100-03145-5

Ⅰ.①礼… Ⅱ.①陈… Ⅲ.①汉语—礼貌—词语
Ⅳ.①H136

中国版本图书馆CIP数据核字(2000)第28939号

汉语知识丛书
LǏMÀO YǓYÁN
礼貌语言
陈松岑 著

商务印书馆出版
(北京王府井大街36号 邮政编码100710)
商务印书馆发行
北京艺辉伊航图文有限公司印刷
ISBN 978-7-100-03145-5

1989年3月第1版 开本787×1092 1/32
2019年10月北京第4次印刷 印张3⅝

定价:15.00元

目　录

礼、礼貌和礼貌语言

人类文明发展史上，我们的祖先创造了灿烂的古代文明，给人类社会以深远的影响。直到今天，我们还可以看到五千年前中原各部落酋长记述他们狩猎、祭祀、战争和财产而刻在甲骨上的神秘的文字。有两千多年历史的灌溉网渠至今还在用它的甘泉哺育着肥沃、秀丽的川西平原。在古都咸阳之东，数千如实物一般大小的兵马俑已经从几千年的地下沉睡中苏醒，雄赳赳地复现了始皇帝率领百万大军出征的猎猎军威。早在公元 4 世纪时，祖冲之已经计算出 3.1415926 到 3.1415927之间的圆周率，而刘徽在论证圆内接正多边形的过程中，最早建立了数学中的极限概念……这些在科学、艺术上的伟大成就都是和当时社会的安定、经济的繁荣分不开的。为了社会的安定和繁荣，我们的祖先不仅建立了治理国家的各种行政机构，而且制定了与之相应的制度，并且从人类社会生活的长期实践中提炼出不同场合的言行准则，建立了处理各种人际关系的道德规范。这些制度、准则和规范，有的用文字记载下来，成为人人必须遵守的法典或是修身、齐家、治国的理论基础；有的则通过言传身教成为世代相沿的风俗习惯，对每一个人都具有无形的约束力。这些书面、口头的制度、准则和规范就是礼的内容。在我国的古书中，对“礼”的解释是：“礼，履也，所以事神致福也。”（《说文》）这是从“礼”字本身去追溯它的来源，表明它最早与祭祀神灵、祈求赐福的仪式有关。“礼也者，理之不可易者也”(《礼记·乐记》)“礼也者，义之实也”(《礼记·礼运》)“礼也者，合于天时，设于地财，顺于鬼神，合于人心，理万物者也”(《礼记·礼器》)“夫礼，天之经也，地之义也，民之行也”(《左传·昭公二十五年》)，这些解释则表明随着社会的进步，礼的内容有了很大的发展。礼是社会的上层建筑，反映着它所从属的特定历史阶段上的经济基础，因而具有时代特点，同时，它又具有一定的继承性。因为任何一种上层建筑都不是凭空创造出来的，它总是要从过去存在过的上层建筑中吸取对它仍然有用的成分。另外，人类社会生活得以正常进行，也有一些基本不变的原则，它也是礼具有继承性的重要原因之一。比如，父母对子女的爱护是人类社会得以存在和发展的必要前提。相应地，子女对年老父母的供养也就成了人们普遍称赞的一种美德。虽然在社会发展的不同阶段，在不同的民族中，“慈”与“孝”的具体内容以及强调父慈子孝的程度可能有所不同，但是，未必会有一个社会竟会提倡完全与之相反的言行。特别是由人民群众千百年来共同形成的风俗习惯更是凝聚了许多深奥的人生哲理，浓缩了世世代代的经验教训，深刻地反映了长期形成的民族心理，它的继承性更强。

人们都认为，我国古代的礼肇端于夏，发展于商而完备于周。相传周公制周礼，虽然现在可见的《周礼》、《仪礼》并非周公所作，但其中的确保存了周礼的许多材料。其内容囊括奴隶制国家的政治、军事、司法、教育、婚姻等各项规定，成为几千年来历代封建统治者制定法律的基础，也是社会道德规范的最高准绳。它提倡“君仁、臣忠、父慈、子孝、兄良、弟悌、夫义、妇听、长惠、幼顺”，企图建立一个“贵贱有等、长幼有差、贫富轻重皆有称者”的社会。虽然它的根本目的是通过贱对贵、下对上、幼对长的忠诚服从来维护以族权、君权为核心的奴隶社会、封建社会的统治；但正如我们上面已经讲过的那样，它也吸收了人际关系中应该有的许多原则，从而使中华民族形成了敬老爱幼、尊师敬学、相敬如宾、见义勇为、勤劳朴素等等社会道德的优良传统。

由于礼所包含的广泛内容，古人所谓失礼具有比今天严重得多的含义。严重的失礼等于犯法，不但要受到社会舆论的指责，还会受到法律的制裁。后来，礼与法才逐步区分开来，礼专指没有法律的强制性，但却具有习惯约束力的风尚。法则由国家明文规定，以军队、监狱作为维护它的物质力量。从此，礼就专指个人言行的准则和社会的道德规范。它要求社会成员的思想上有合于礼的是非观、美恶观，在仪容、举止和谈吐上合于礼的规范。思想上的是非美恶是内在的，而仪容、举止、谈吐的得当与否是外在的。内在的礼必须通过外在的礼才能为人们所感知，这种发自内心而形于外表的礼就是礼貌。

礼貌包括仪容、举止、谈吐三个方面，三者互有区别而又紧密相连。合于礼的谈吐就是我们所要讨论的礼貌语言的主要内容。语言是人类最重要的交际工具，它本身又是音义结合的符号系统。人们所说的每句话都是通过一定的语音形式传达了一定的意义，从而表达了特定说话人的思想感情。所以它又是维系正常和谐的人际关系的最重要的手段之一。

什么是礼貌语言？在语言学中并没有一个明确的定义。

一般说来，对它可以有广义和狭义的两种理解。广义的礼貌语言指一切合于礼貌的使用语言的行为以及使用的结果，狭义的礼貌语言则单指各种交际场合中具有合理性和可接受性的表达礼仪的特殊词语。我们先来看看广义的礼貌语言：说得通俗一点，广义的礼貌语言就是说话有礼貌。有礼貌不单要求所说的句子具有合理性，还要求它具有在特定社群中的可接受性。所谓合理性是指句子符合语言模式。通常，语言学家们所谓的语言并不是任何个别人实际运用的交际工具，而只是一种科学的抽象。或者说是理想的说话人在理想的环境中使用的交际工具。这个理想的说话人是一个完全中性的、不具有任何特定社会特征的人，这个理想的环境几乎可以说是一种真空，不受语言系统以外任何因素的干扰。这种理想的语言模式就像几何学中没有任何体积与质量的、空间的一个点一样，在现实生活中是不存在的。在语言学家看来，一切符合语言模式的句子都是合理的，词典和语法书就是这一模式的体现。显而易见，我们日常生活中使用的语言既不可能全面地体现这一模式，也没有必要这样做。相反，我们总是会或多或少地加进许多不属于这一模式的成分。因为，现实中的语言总是体现为特定的人，为了特定的目的，在特定的场合中所说的话，从而必然受到说话人社会特征、话题内容、交际环境等社会因素的影响。由于这些复杂的社会因素的参与，在语言模式中具有合理性的句子，在具体的语言运用中未必具有可接受性。比如说，一位北京青年如果对一位老年人说："您几岁了？"这位老人一定会很生气，认为这样对他说话是不可接受的。但是"您几岁了"这个句子作为询问听话人的年龄的提问在北京话的语音、语法模式系统中都是完全合理的。由此可见,句子的合理性是从语言本身结构的模式系统来说的,而话语的可接受性则要受具体的语言社群中有关语言使用规则的制约。在北京话这个语言社群中,询问一位老人的年龄时,既有合理性又有可接受性的句子应该是"您高寿?"或"您多大年纪了?"研究广义的礼貌语言就必须研究决定具体话语可接受性的语言使用规则。

狭义的礼貌语言常常专指特定语言社群中某些现成的词语。这些专为表达礼仪的现成词语一般具有两个基本的特征:第一,从这些词语所表达的意义上看,它既不是人们为了交流思想而描述事物的理性意义,也不是流露说话人喜、怒、哀、乐等情绪的表情意义。它主要是体现说话人对交谈双方社会关系的理解和态度。第二,从这些词语本身的构成成分和结构方式来看,它是各不同语言社群的长期历史传统的产物,密切地联系于该社群的其他文化因素。因此,狭义的礼貌语言一方面取决于说话人主观上对各种社会关系的认识,另一方面又依赖于客观的语言社群的传统习惯。

广义的礼貌语言涉及面太广,人们对它还缺乏全面的、系统的、深入的研究。我们目前只能粗略地介绍某些狭义的礼貌语言兼带讨论广义礼貌语言的若干问题。

研究礼貌语言具有学术理论和社会教育两方面的重大意义:

从学术理论方面看,研究礼貌语言的目的在于了解语言使用与社会的关系,掌握有效交际的语言使用规律,它属于实用社会语言学,说得更确切一点,属于实用语用学的领域。语用学专门研究语言符号和它的使用者以及使用环境之间的关系。它是语言科学系统中一个较新的分支,具有边缘学科或跨类学科的性质。因为它的研究也会涉及心理学、社会学、民俗学、教育学的某些领域。它和语言学的另外一些分支如心理语言学、生理语言学、数理语言学、模糊语言学等一样,将为我们更加全面地认识语言这一复杂的符号系统和它的本质作出贡献。为了说明这些边缘学科对整个语言科学发展的作用,有必要简单地回顾一下语言研究的历史。人类对语言现象的研究早在公元前3世纪左右就开始了。在古希腊和罗马,语言与逻辑、讲演术、文学等一起成为一些著名学者争辩的内容。我国古代,由于阅读前人典籍的需要,探讨语义、词义及其演变的训诂学特别发达。古代的印度,甚至还编写出了规范性的语法书。但从总的方面看,无论在中国还是外国,古人研究语言并不是以语言本身为对象,而往往从实用的目的出发,把它和相关的其他现象结合在一起进行分析。只有在资本主义大机器生产所引起的科技进步和专业分工的前提下,才有可能建立以语言本身为研究对象的现代语言学。语言科学的历史也和其他许多科学一样,是循着人类认识发展史的螺旋形阶梯向上攀登的。恩格斯在《反杜林论》中对人类认识世界的过程作了极为精辟的论述。他认为:古代"原始的、素朴的但实质上正确的世界观是古希腊哲学的世界观……这种世界观把世界理解为普遍联系而不可分的总体,……但是,这种观点虽然正确地把握了现象的总画面的一般性质,却不足以说明构成这幅总画面的各个细节;而我们要是不知道这些细节，就看不清总画面。”[①]因此，只有在资本主义生产方式出现以后，“真正的自然科学只是从15世纪下半叶才开始，从这时起它就获得了日益迅速的进展。把自然界分解为各个部分，把自然界的各种过程和事物分成一定的门类，对有机体的内部按其多种多样的解剖形态进行研究，这是最近四百年来在认识自然界方面获得巨大进展的基本条件。”[②]瑞士语言学家索绪尔(F.de Saussure)不但把语言从文学、逻辑等其他学科中分离出来，当成一种特殊的符号系统加以研究，而且第一个从理论上论证了“为语言而研究语言，就语言而研究语言”的必要性和可能性。他还要求严格地区分作为一般模式的“语言”和个体实际使用着的“言语”，要求把语言的共时状态和历时变化区分开来。在他看来，只有共时状态的语言才是一个有规律的系统。这一切都符合当时的自然哲学观和方法论，并为现代理论语言学奠定了基础。自从那时以来，语言学的各个流派，几乎都或多或少地受到索绪尔观点的影响，而结构主义语言学更是在他的理论基础上发展起来的。当代的形式语言学则把索绪尔有关符号系统的理论以及语言和言语，共时和历时的区分绝对化，力图把语言学变成一门精密科学。形式语言学虽然在一定范围内提供了行之有效的分析语言的方法，特别是在语言学与信息论结合，开拓人工智能等方面有巨大的贡献，但人类的自然语言远比机器所能理解的人工语言要复杂得多，它受到来自多方面的非语言因素的影响。要

---

① 恩格斯《反杜林论》，见《马克思恩格斯选集》第3卷第60页，人民出版社，1972年。

② 同上。

想全面认识语言，完全不考虑它们是不行的。可是形式语言学把人类语言区分为语言能力和语言行为两个方面，主张语言学只研究能力而不研究行为。他们认为，人类生而具有理解、使用少数语言演绎规则生成合理句子的能力，语言学的目的就是分析出这些语言演绎规则。这种把语言与说话人、与语言社会完全割裂开来的研究方法，正如恩格斯所批评的那样"把自然界的事物和过程孤立起来，撇开广泛的、总的联系去进行考察，因此不是把它们看做运动的东西，而是看做静止的东西；不是看做本质上变化着的东西，而是看做永恒不变的东西；不是看做活的东西，而是看做死的东西。这种考察自然的方法被培根和洛克从自然科学中移到哲学中以后，就造成了最近几个世纪所特有的局限性，即形而上学的思维方式。"[①]这种研究方法是与当代科学发展的总趋势相悖的。因为，近代科学技术的进一步发展已经充分证明了孤立地、静止地、个别地观察事物的极大局限性。相反，过去曾经高度分化为互不相关的一些学科重新发现了彼此沟通的渠道，从而互相接近、融合，产生了一系列边缘学科或跨类学科。对事物进行多方面的综合研究成为当代科学发展的主要趋势。这种综合的研究方法并不是古代朴素的辩证法的简单重复，而是在更加深刻地认识事物本质的基础上所得到的辩证的统一，是对 19 世纪形而上学思维方式否定古代辩证法的否定之否定。当前，已经有不少语言学家认识到，我们不仅应当研究语言本

① 恩格斯《反杜林论》，见《马克思恩格斯选集》第 3 卷第 60—61 页，人民出版社，1972 年。

身的结构和规则，而且也应当研究人们如何使用这些结构和规则。因为人不是机器，他们在使用任何一种语言系统的时候都会根据不同的交际场合、交际目的、交际双方的关系而选择不同的语言表达手段。这些不同情况下的语言变异也绝非过去人们所想象的那样杂乱无章，它是有规律、成系统的。更重要的是，这些在共时系统使用中出现的变异，往往就是该语言系统某些历时演变的缩影。所以，我们要想真正全面了解语言这一符号系统，不但要研究在理想状态下静止不变的模式，还应该研究它们在使用过程中出现的变异。礼貌语言是语用学中一个十分重要的部分，因为相对于其他语言成分而言，它的使用更加有规律，并往往有比较固定的格式。此外，研究礼貌语言也可以为心理学、教育学、社会学、民俗学等提供许多有用的资料。

从社会教育方面看，由于礼貌语言是任何一个社会中言行准则、道德规范的组成部分，历来受到人们的重视。我国古代把仪容庄重和慎言作为君子必备的两种美德，专门集录了孔子语录和孔门弟子讨论情况的《论语》认为君子应该："敬而无失，恭而有礼"；"色思温，貌思恭"；"望之俨然，即之也温"；"正其衣冠、尊其观视"；"敏于事而慎于言"；"出辞气，远鄙倍"；"名之必可言，言之必可行，于其言无所苟"；"言思忠，事思敬"；"恶称人之恶者，恶居下流而讪上者，恶勇而无礼者，……"。在长期的封建社会中，应答进退合于礼貌不但是家庭教育的主要内容之一，也是社会舆论评判一个人文化教养高低的重要标准。所以人们不满足于把《礼记》、《论语》等古代典籍中的论述作为准则，进一步从日常生活出发，提出了一系列具体的要求。比如清代李子潜所编写的《弟子规》中就告诫青少年要作到“将入门，问谁存。将上堂，声必扬。人问谁，对以名”；“凡出言，信为先；诈与妄，奚可焉”；“刻薄语，秽污词，市井气，切戒之”；“凡道字，重且舒；勿急疾，勿模糊。”这些规劝不但涉及交谈的内容和方式，连发音吐字的清晰平缓都谈到了。

今天，人与人之间的交往要比过去任何一种社会更加频繁，人与人之间的关系也比过去任何一种社会更为复杂多样，礼貌语言的作用也就更大。比如在奴隶社会中，一个奴隶除了和他的主人存在从属的关系之外，只和他的家庭成员存在亲属关系，其他社会关系很少。可是生活在今天社会中的人却具有广泛得多的社会联系。他除了有亲戚、朋友之外，还可能和其他的人形成师生关系，同学关系，同事关系；还可能由于政治态度、宗教信仰、经济往来、业务交流、业余爱好等等而和别的人形成各种关系，比如党群关系，干群关系，同行关系，同志关系等等；甚至还可能和异民族、异国的成员发生各种性质不同的社会联系。语言是维持或破坏，加强或削弱，良化或恶化这种种关系的重要手段之一。因此，要想形成一个和睦、团结、互助友爱的社会主义社会，使生活于其中的每一个成员都能感受到别人对自己的尊重和爱护，心情舒畅地工作和学习，就必须提倡人人使用礼貌语言。事实上，在日常生活中，每个人都是在一定程度上遵守着礼貌语言的种种规范从而达到交际的预期目的。如果我们对这些规范有更加全面、系统的认识，掌握了它的规律，就可以更加自觉、准确地使用礼貌语言。

在群众中宣传使用礼貌语言，特别是对青少年进行礼貌语言的教育，在当前更具有特殊的意义。我们曾经历过十年浩劫。那个期间，我国几千年来讲求礼貌的优良传统几乎都被斥为封建意识或资产阶级习气的表现。在"越粗俗就显得越革命"的荒唐逻辑下，许多不堪入耳的下流脏话成了一些人的口头禅。虽然这场浩劫已经结束多年，但它在这方面的恶劣影响却不容易彻底消除。比如，在足球赛场上时时响起的"京骂"就是一个典型的例子。我们在建设社会主义物质文明的同时，必须十分重视社会主义精神文明的建设，而提倡礼貌语言对维护祖国语言的纯洁、健康和优美，培养人们高尚的道德情操都会起重大的作用。

礼貌语言既反映了特定社会中言行的准则和道德的规范，又是特定语言系统中的一个组成部分；所以，它不但会因各个具体社会的经济制度、社会结构、民族心理、风俗习惯的不同而有不同，同时还要受该社会语言结构系统内部各种因素的制约。这就使得每个民族的礼貌语言在内容和特点上有所不同。从社会因素来说，礼貌语言和其他语言成分的使用一样，要受到来自三个方面的影响：

第一、本人所属社群语言习惯。任何人都不只是哺乳动物类中最高级的动物的一员，人的本质特性不是他的生物属性。人是社会的一员，社会特性才是他的本质属性。所谓社会，就是由共同关系联系在一起的人群。这些关系是多种多样的，每个人从呱呱坠地开始就是家庭——社会的最基本单位——中的一个成员，并与其双亲、兄姊等形成了父母子女和同胞的亲属关系。幼儿初懂世事、学会说话与人交往后，又会与别的小孩形成朋友关系、同学关系。成年人更会由于职业、政治态度、宗教信仰、兴趣爱好、婚姻等与更多的人发生关系。所以我们可以从上面举到的各种社会特征而把每个人划归到男性或女性;幼儿或青少年、成年或老年;这个地区或那个地区;这种职业或那种职业……等等性质不同的社群中去。每一个社群都会有一些区别于其他社群的特点。人类的语言是与人类社会生活的一切方面紧密相连的,人类在任何社群中从事任何社会活动都离不开语言。所以,不同社群会有自己不同的语言习惯。其实,人们早已从实践中懂得了这一点,许多人都会从一个人的言语上大体推测出他的出生地、年龄、文化程度、职业性质等等。各个社会都存在一种不成文的"什么样的人说话应该像个什么样子"的标准。比如,我们在日常生活中不难碰到这样的事:某个女青年与人吵架,满口的脏字,旁观者中就会有人感慨:"瞧,一个年轻姑娘!说话这么难听!"这个评论者未必主张小伙子有权使用鄙俗、下流的骂人词语,但是他特别点出"年轻姑娘"来指责说话人,表明在汉族社会中,对女性,特别是青年女性的言语有更加严格的要求。人们也可能在称赞某人时说:"听他说话就知道他是个知书识礼的人!"这句话反映了我们对知识分子应该如何说话也有一个大体上共同的看法。当然,并非所有存在的这类看法都是合理的,但是无论如何,它却反映了在一定的历史阶段上,不同的社群或社会集团成员有内部大体一致的语言习惯或语言特点。个人作为特定社群的一员,总是自觉不自觉地遵守它,并以它作为评论他人言语是否得当的标准。只有在社会发生巨大变革的前提下,这种习惯、标准才有可能随之改变。因此，我们评论一个人说话是否合于礼貌，首先要看他的言语是否合于他生活的那个社会的特定历史阶段上，他所从属的社群的语言规范。当然，不同社群的语言规范有可能部分交叉，甚至全部重合。有的语言规范要求严格，一般不许违犯；有的语言规范比较灵活，允许人们有选择的自由。具体的复杂情况，我们将在后面加以讨论。

第二、具体的交际环境。话语总是在特定的场合，为了特定的目的、谈论某个特定的话题而产生的。不同的场合、目的和话题会使语言具有不同的特点。在特定的语言社会中，人们对此也有大体相同的标准。由于具体的交际场合千种万种，说话的目的与话题数量上几乎是无限多的，所以我们只能根据人们对自己话语仔细考虑的程度而把交际环境大体分为正式与非正式两种。在正式交际环境中，话题内容多为业务接洽、学术讨论、教学活动、外交谈判等等，说话的目的是通过摆事实、讲道理，使对方明白自己的意思，达到预先计划的目的，说话人对自己的话语事先经过仔细斟酌和充分的准备，谈话时严肃、认真，有的时候甚至要参照发言提纲或念发言稿。非正式交际环境多为亲友在家庭或娱乐场所、公共社交场合的闲谈，话题很少涉及严肃的公共事务，而多为个人生活、工作、学习情况的交流，或随便议论事物，说话人在事先并没有明确、集中的说话目的，对话题内容也没有经过深思熟虑，往往是想到哪儿说到哪儿，说到哪儿想到哪儿。这两种交际环境对语言的特点影响极大。有的语言社会对交际环境的区分更为细致，各有不同的语言表达方式和手段，甚至要分别使用不同的语言。比如在南美的巴拉圭，正式交际环境中，一般使用西班牙语，非正式交际环境中，多使用瓜拉尼语。在马来西亚，由于历史上的原因，话题内容的不同，要求使用不同的语言：有关政治活动、行政管理事务的谈话，多用马来语；教学活动、学术交流等文教方面的话题，多用英语；而商业谈判、贸易往来则使用汉语。我国现时社会中，正式交际环境中，通用的是汉语普通话，非正式交际环境中，既可使用汉语的各个方言，也可使用不用的民族语言。大多数的语言社会中，正式交际环境中使用的语言系统叫做正式变体或正式语体，非正式交际环境中使用的叫做非正式变体或随便语体。如果这两种语体属于同一个语言结构系统（上面提到的巴拉圭，马来西亚就不属于这种情况），它们之间往往并没有截然的分界线。大多数的语言从正式语体到随便语体是一条不断连续过渡的带，带的两端之间还有许多相互之间小有差别的语体。一般说来，正式性质越强的语体，越接近社会一致公认的标准语的使用规范，正式性越弱的语体，越是偏离这一规范而加进某些属于特定社群的语言成分，比如方言成分、俚语行话成分、古语、外来语成分等。自从现代社会语言学建立以来，国外已经有不少社会语言学家从调查各种交际环境中的实际话语入手，分析各种语体在语音、语义、语法等方面的特点。比如有人把英语语体的正式性分为四个等级：正式性最强的叫做朗读词表语体，调查对象被要求朗读一张单词表，他必然会尽量标准地逐个念出这些单词，这种语体表明说话人对自己的话语给予了最大程度的注意。第二种语体叫做朗读短文语体，要求调查对象朗读一篇短文，调查对象虽然也会充分注意自己的话语，但是由于词句是互相连贯的，在朗读的过程中不可能中途停顿进行思索，所以它的正式性次于朗读词表语体，而较为接近他日常的语言情况。第三种语体就是正式谈话语体，由调查人向调查对象询问调查项目，要求调查对象作出回答。这时，调查对象对自己的话语仍是充分注意的，但是在谈话的过程中却有可能说出我们所调查的语言成分，这些成分出现在连贯的交谈过程中，它的正式性就比朗读短文弱一些。最后一种语体叫做随便语体，正式性最弱。这是人们闲谈时使用的语体，说话人对自己话语的注意最少，因而最接近调查对象的自然言语状态。比如在正式调查的间隙询问调查对象的业余爱好、惊险经历等等，往往可以在不知不觉中引导调查对象放弃对自己话语的注意而使用随便语体。有人通过实际调查发现：英国诺里奇市英语中把[iŋ]这个标准语音形式发成[in]的百分比与语体的正式性程度成反比，而在美国纽约市，元音后 r 和辅音前 r 的存在则与语体的正式性程度成正比。我国对汉语各种语体的语言特点还缺乏系统的全面研究，但是从对本族语的语感出发，每一个汉族成员都大体上能区分正式语体和非正式语体。因此，语言使用是否合于礼貌还要看语体是否适合于相应的交际环境。

第三、交际双方所形成的关系。人们虽然分别属于特定的社群，从而具有不同于其他社群的语言特点，但是每个人都可以从不同的角度分属于好几个不同的社群。在一次具体的交际过程中，交谈双方可能以某一个或某几个社群成员的身分出现，因此交际双方的关系并不简单地等于说话人和听话人所从属的社群之间的关系，而是具体的、特定的交谈关系。虽然这种交谈关系是建立在双方各自所属的社群关系之上的，但它却与这种社群之间的关系有所不同。有的语言学家把交谈双方比喻为戏剧舞台上出现的两个角色。无论这两个演员本身从属于哪些社群，这些社群之间具有什么关系，特定的角色之间发生一定的关系。角色不同，他们之间的关系也不相同，这些不同的关系也会影响到语言的特点。比如父母和子女，这是一对角色之间的关系；丈夫与妻子，又是另一对角色的关系；一对同事，两个角色之间关系又有所不同。现代社会生活的多样化使每个人在交际中可能扮演的角色很多，我们不能也没有必要一一加以调查研究。但是，我们可以按这些由不同角色形成的关系的性质加以分类，从而发现许多角色之间都存在着权势关系（power）或一致关系（solidarity）。说话人语言特点的不同与这两种关系有密切的联系。权势关系是指交谈一方比对方处于更优越的地位，从而具有较大的权势。形成这种地位与权势的差别，可以是辈分的高低，年龄的长幼，财富的多少，学识的深浅，体力的强弱等等。比如父母和子女之间，长辈和晚辈之间，老师和学生之间，雇主与佣仆之间，上级和下属之间都是权势关系。一致关系指的是交谈双方在某一点上具有共同一致的地方而彼此引为同类从而产生平等、亲切的“咱们”感。一致关系的双方可以是同一家庭的成员，同一学校的学生，同一单位的工作人员，同一地方生长的人，同一政治组织或是某个宗教团体的成员等等。权势关系是一种不对等的关系，处于这种关系中的说话人，特别是权势较低的一方，对自己的话语一般都比较注意，因此容易采取正式语体。而一致关系是相互平等的，说话人比较随便，容易采取非正式语体。在具体的交谈过程中，说话人总是从他所认定的双方关系来说话，从而使同一个说话人有许多不同的说话方式。因为同一对交谈者，从这个角度看是权势关系，而从另一个角度看，又可能是一致关系。比如部队里的团政委和连指导员，从工作职务上看是权势关系，但从共同的政治理想、同等的政治权利上看又是同志的一致关系。交谈时双方处于哪一种关系要看说话人的主观意图。另外，形成权势关系和一致关系的基础也是多种多样的。有一些是在较长时期内起作用的，比如血缘、年龄、辈分等，有一些只在短时期内起作用，比如在一次旅游中，两个人偶然相遇，结伴而行形成的同伴关系等。总起来看，交谈双方的关系可以由于不同因素的作用而起变化，说话人的语言也会相应地出现差异。说话是否合于礼貌也要看说话的方式、选择的话语是否适应交谈者之间的关系。

明确了影响人们语言使用的三个社会因素以后，我们还应该对特定语言结构系统的特征有所了解，不同的语言往往利用不同的手段去体现语体、语气上的差别。除了词汇成分是所有语言都会利用的一个要素外，具有形态的屈折语往往用不同的词形变化表达说话人的主观态度和交谈双方的关系，而像汉语这样的孤立语则更多地使用韵律成分来取得同样的效果。下面就把社会因素和语言结构系统两个方面结合起来分析礼貌语言的主要内容。

称谓词语的使用

人们在交际过程中，通常最先说出的话语是对听话人的称呼。在许多语言社会中，先称呼对方，然后说话是有礼貌的表现。它既表明说话人请求对方聆听自己的讲话，更重要的是表达了说话人如何理解交谈双方的关系，甚至还有说话人对这次交谈本身性质的认识。我们可以举出一些极端的例子来进行比较。假如有一位青年在北京城里某个小胡同中迷了路，他对一位坐在家门口的老头说："老大爷，请问到西单怎么走啊？"这位老头一定会觉得这位青年把两人之间的关系看成是长幼辈分的关系，而且对自己很尊重，所以就非常乐意为他指点道路。反过来，如果这位青年说："嗨！到西单怎么走？"这位老人一定会感到这个小伙子太不尊重自己，仿佛是一个大人不经意地在对孩子讲话，所以他可能很生气，装作没有听见，不予理睬。还有，如果我们听见两位男青年在交谈中彼此互称"同志"、"先生"，或"×科长"、"×经理"等称谓，我们便可大体上断定他们谈话的内容多半是比较严肃的；反过来，如果听见他们互称"哥们儿"，便可推断出话题内容是非正式的。因此，称谓词语的选择不仅是礼貌语言研究的一个重要组成部分，也是整个社会语言学比较关心的一个课题。在汉民族的传统习惯中，不仅是两个人交谈时要注意这个问题，即使是一个人对许多听众发言、作报告，也应先称呼自己的听众。只有在近距离内，对十分亲密的亲友说话时，才能不先作称呼，可以用"喂、嗨"等呼唤来引起对方的注意。上述作法在别的场合，对待别种关系的人，都会被认为是蛮横、失礼的行为。

不少语言的称谓系统都很复杂，对什么人、在什么样的场合，使用什么样的称谓是很有讲究的。下面将分别介绍几种主要的称谓词语以及使用它们的规律。

一、亲属称谓

亲属称谓本来是专门用来称呼亲属成员的。但是在许多社会中，它们当中的一部分又可以用来称呼非亲属成员。所以我们要分别谈一下如何使用它们去称呼亲属和非亲属。

1. 称呼亲属成员：亲属称谓密切联系于特定语言社会的经济制度、家庭结构和风俗习惯，不同的民族，乃至同一民族的不同方言都可能有所不同。在某些尚保留了母系氏族制度残余的民族中，部落首领是老年妇女，在婚姻方式上通行女人"娶"夫而不是男子娶妇，结婚的男子要"嫁"到女方的部落中去，夫妻所生子女归女方部落所有。因此，"爸爸"与"舅舅"是同一个词。在这种社会中，舅舅可以对未成年的外甥行使监护权，成年人犯法，舅舅有保释权，而父亲对子女既无监护权，也没有保释权。由此可知，"舅舅"一词原义就是母系部落中的上一辈男子，用它来特指与母亲有夫妻关系的男性——"爸爸"是后来的引申用法。云南彝族曾经长期实行交错从表婚的婚姻制度，即兄妹或姐弟的子女可以互相婚娶。但是这种制度又规定：外甥可以娶舅父的女儿为妻，内侄不能以姑母的女儿作妇。由于这种婚姻制度的影响，这个民族中对舅父的子女、妻子的兄弟姐妹共用一个称呼，而对姑母的子女则另有称谓词。同时，夫妻中女方父母可以把亲家称做姐姐、姐夫或妹妹、妹夫，男方父母则把亲家称做弟弟、弟妹。虽然该民族现行婚姻制度已经和我们汉族没有什么差别，但这些亲属称谓却沿用下来，反映了该民族的历史特点。又比如在美洲印第安的塞米诺语中，父亲、伯伯、叔叔、表兄弟、堂兄弟、表舅、表侄的称呼是同一个词。乍一看来，这种亲属称谓好像表明该部落对血缘远近，辈分高低，年龄长幼都不加区分，十分奇怪。其实，它也只是人类社会早期群婚制在语言上留下的痕迹，这就是说，在那时的社会中，人类的婚姻不受血缘、辈分的限制。在资本主义社会，随着封建经济的解体，庞大的家族聚居为夫妻及其子女组成的小家庭所代替，家庭成员之间的关系在性质上也有了很大的变化。正如《共产党宣言》所说的那样，“资产阶级在它已经取得了统治的地方把一切封建的、宗法的和田园诗般的关系都破坏了。它无情地斩断了把人们束缚于天然家长的形形色色的封建羁绊，它使人和人之间除了赤裸裸的利害关系，除了冷酷无情的‘现金交易’就再也没有任何别的联系了……资产阶级撕下了罩在家庭关系上的温情脉脉的面纱，把这种关系变成纯粹的金钱关系。”[①]人们的家族观念越来越淡漠，亲属称谓的使用也就越来越少。因此，在某些较早进入资本主义社会的民族中，亲属称谓系统一般比较简单，亲属称谓使用的频率也较低。例如在我们比较熟悉

---

① 马克思恩格斯《共产党宣言》，见《马克思恩格斯选集》第1卷第253页，人民出版社，1972年。

的英语中，常用的亲属称谓就不多，只有“father”（父亲）、“mother”（母亲）、“brother”（弟兄）、“sister”（姐妹）、“son”（儿子）、“daughter”（女儿）、“nephew”（侄子、外甥）、“cousin”（堂、表兄弟姐妹）、“grandfather”（祖父、外公）、“grandmother”（祖母、外婆）、“grandson”（孙子、外孙）、“granddaughter”（孙女、外孙女）、“uncle”（伯伯、叔叔、舅舅、姑父、姨夫）、“aunt”（伯母、婶婶、姑姑、姨）等。除此之外，还可以在这些常用的基本亲属称谓之后加“-in-law”，变成一种似词又似词组的复合称谓。它所指称的对象与称呼人本无亲属关系，只是由于法律上的婚姻关系而成为亲属。比如“mother-in-law”（婆母、岳母），“father-in-law”（公公、岳父），“sister-in-law”（嫂子、弟媳），“brother-in-law”（姐夫、妹夫），“son-in-law”（女婿），“daughter-in-law”（儿媳）等等。但是，在实际的生活中，一般英国人或美国人除了对自己的父母、祖父母外，对其他亲属成员使用亲属称谓的并不多，往往是称呼他们的父名或名字。所以，上面列出来的大部分词实际上只是标志不同亲属成员的名词即引称，而不是当面对听话人的称呼，即面称。

我国汉族经历了几千年的封建社会，其基础是以家庭为生产单位的小农经济，人们对土地的依附性很大，迁徙很少，生产主要依靠人力和畜力，所以，人丁兴旺是发展生产的必要条件之一。由此家族世代聚居一地，形成一姓一村乃至一姓数村的局面。这种由许多大家族聚居构成的社会，依靠等级森严的君权、父权、夫权进行统治，所以不仅社会上阶级分化后很少有上下流动的可能，就是在家族内部，也是亲疏有别、长幼有序、等级分明。与之相应的亲属称谓也就按血缘远近、辈分高低、年龄大小而有细致的区分。比如，汉代成书的《尔雅》专有一篇叫做“释亲”，对亲属称谓做了详细的分类。首先，它把亲属分为“父党”与“母党”、“妻党”、“婚姻”四类。“父党”叫做“宗族”，这是亲属称谓的核心，其中不但列出了父母、祖父母、曾祖父母、高祖父母、子、孙、曾孙、玄孙、来孙、晜孙、仍孙、云孙等称呼，还有他们的兄、弟、姐妹以及兄弟姐妹配偶的称呼。“母党”又称“外家”，列出的亲属称谓就少得多了，主要有：外祖父、外祖母、外曾祖父、外曾祖母、舅、从舅（母亲叔父的儿子）、从母（姨母）、从母晜弟（表兄弟）、从母姊妹（表姊妹）等。“妻党”主要列出了外舅（岳父）、外姑（岳母）、甥、姨、私（妇女称姊妹之夫）、出（男子称姊妹之子）、侄、离孙（外孙）、归孙（侄孙）、姒（姐姐）、娣（妹妹）、姒妇（嫂子）、娣妇（弟媳）等。“婚姻”一类中列出了出嫁的女子对夫家亲属的各种称谓。从这些称谓中可以看出，一切称呼都是以男性为中心、以辈分作为主要分界线的。从《尔雅》成书一直到现代，几千年来，汉族大体上沿用了这一亲属称谓系统，凡是不按照这个系统去称呼亲属成员的，就会被人指责为缺少家教，不懂礼貌。随着解放后社会制度和家庭结构的变化，大家族聚居的局面逐渐为父母子女组成的小家庭所代替，年轻一代的家族观念日趋淡漠。对于一位远亲，人们不再注意区分他是属于父系、母系或妻子方面的亲属。所以有不少年青人区分不了姑表与姨表，表叔和表舅。但是，汉族在历史上终究有过一个十分复杂的亲属称谓系统，所以至今保留下来的常用亲属称谓还是比其他一些民族多得多，区别也更加细微。比如，今天汉语的亲属称谓仍旧保留了父系和母系的区别：父亲的亲属是祖父母、伯、叔、姑;母亲的亲属则是外祖父母、舅和姨(对比英语中,都称做 grandfather ,grandmother、uncle、aunt)。伯父、叔父的子女在汉语中称作堂兄弟姐妹,舅舅、姑母、姨母的子女则要称为表兄弟姐妹(在英语中一律称为 cousin)。此外,汉语亲属称谓对年龄的大小也要加以区别:长为兄、姊,幼为弟、妹(英语中则一律是 brother 和 sister)。汉语中,父亲的哥哥和弟弟有不同的称呼,但母亲的哥哥和弟弟不必加以区别。父亲的姐妹可以共用一个称呼——“姑姑”,母亲的姐妹也一律称呼为“姨”,这又是以男子为中心的遗迹。这种以男性为中心的亲属称谓法更明显地表现在称呼伯伯、叔叔的配偶时,不是以她们本人年龄与父亲年龄相比来决定使用什么称谓,而是根据她们的丈夫比父亲大还是比父亲小来决定称她们为“伯母、大妈”或“婶婶、大婶”。汉语的亲属称谓系统又十分重视辈分的差别。过去,常常有斑白老翁称呼少年男女为叔为姑的。这种现象现在特别是在城市中已很少见,原因是城市中聚族而居的大家族已经解体,老幼辈,少长辈相遇的机会很少。另外亲属关系的日渐疏远使他们即使偶尔相遇也很少再使用亲属称谓。还应该指出的是,近些年来,在相当一部分的年青人中,流行把自己的父母称为“老爸,老妈”或“老爹,老娘”。这两对名称过去就已存在,往往用在非正式环境的口语中提到自己的父母时,作为对他们的背称。现在增加的新用法是当面称呼父母。这种称谓,含有亲切而又略带戏谑的成分。我们还注意到,“老妈”不如“老娘”用得多;后者不但与“老爹”配对使用,而且也可取代“老妈”与“老爸”同时使用。这可能和我国旧时有“老妈子”一词指称女佣有关。

2. 称呼非亲属成员：由于家庭关系是每个人出生后与他人所建立的第一种关系，亲属称谓也就成了语言中对他人称呼的最基本的称谓词。它们是语言中最基本、最稳固的成分之一。当人们与家庭以外的人接触时，往往会自然地把亲属称谓引申用来称呼他们。所以许多语言中都存在用亲属称谓称呼非亲属成员的现象。这种现象既然与原来的亲属称呼有密切的联系，它的使用规律也就与称呼亲属时有许多共同之处。总的说来，它们多用在非正式的交际场合，而且表达了说话人对称呼对象的比较亲切的态度。在所有用来称呼非亲属的亲属称谓中，以对长辈的称呼词语使用频率最大，同辈称谓中，又以对年长者的称谓使用次数较多。但是如果从现时社会中不同年龄层次的说话人使用亲属词的情况来看，中老年人多于青年人。上述情况当然和亲属称谓中只有对长辈、年长者的称呼才含有敬意有关，也和年青人比中老年人家庭观念淡薄，更加喜欢使用体现其他人际关系的称呼有关。除此之外，我们通过实地调查还发现，至少在北京城区（按道理来看，其他城市、农村的情况也会大体相同），这种称谓还和交谈双方熟悉的程度，以及称呼者的职业性质（是体力劳动还是脑力劳动），甚至称呼者的家庭出身和居住环境有关。[①] 一般说来，亲属称谓在熟人（比如街坊邻居，同学、同事的父母、兄、姐，或父母、兄、姐的同学、同事等）中比在生人（比如在街上、商店、车站、码头、娱乐场所等地方遇到的、需要与之交往的陌

① 详见陈松岑《北京城区两代人对上一辈非亲属使用亲属称谓的变化》，《语文研究》，1984 年第 2 期。

生人）中使用的频率高。工人、农民或工人、农民家庭出身的人比知识分子和知识分子家庭出身的人使用频率高。其中农民与农民家庭出身的人使用频率最高。家住平房、四合院的人比家住公寓、宿舍楼的人使用频率高。这些差别表明文化程度越高，人际关系建立得越广泛、复杂，使用其他类型称呼的可能越大，使用亲属称谓的比例就相应下降。平房、四合院中各住户之间的联系要比公寓宿舍楼（由集体宿舍的筒子楼暂时改做家属宿舍用的不在此列。因为，在这种居住环境中，住户之间的熟悉程度甚至可能超过平房、四合院）的密切得多，所以亲属称谓的使用率也高一些。在汉语中，选择亲属称谓去称呼非亲属的听话人，可以根据五种不同的标准。

a. 以辈分为标准选择称呼。非亲属成员与说话人并无血缘亲属关系，因此这里的“辈分”也是一种引申的说法。通常可以把听话人的年龄与说话人相比较，如果听话人和说话人的年龄上下相差不大，就可以看做是同辈人。比说话人大一些的，称之为大哥、大姐或大嫂；比说话人小一些的，可以称为弟弟或妹妹。老北京人则用“大兄弟”和“大妹子”去称呼这一类听话人。现在，“大妹子”与“妹妹”一样很少再用，特别是男性说话人遇到异性听话人比自己小时，一般以对方的名字（如果是熟人）或“同志”去称呼她，避免给人以狎昵、不庄重的感觉。如果听话人比说话人年龄大很多，甚至与说话人父母的年龄相仿，那就应该视为长辈，分别视年龄大多少而以父辈或祖辈的亲属称谓去称呼他。父一辈的，在北京话中可以称为“大爷、大妈、大叔、大婶、姑、姨”等，也可以按照普通话称为“伯伯、叔叔、阿姨”。现在的青少年有用“叔叔”代替“伯伯”的趋势，但从礼貌上讲，年龄小于父亲的才可以称“叔叔”，如果听话人年龄比说话人父亲的年龄大，或是相差不多，叫“伯伯”显得更尊重一些。祖父一辈的，通行的称呼是“爷爷”和“奶奶”。以辈分为标准选择称呼的另一种作法是看听话人与说话人的什么亲属有关系而选择相应的称呼。比如一个说话人对父母的同事、朋友（除非他年龄和自己一样，甚至更小），即使比自己大得不算很多，也使用父辈的称呼，对祖父母的朋友则要使用祖父辈的称呼。采取这种作法时，绝对年龄大小的作用相对降低。有时，我们称为“×爷爷”的人年龄也许只比父亲大几岁。这种强调辈分的作法在过去是很流行的，它带有更为浓厚的等级色彩。随着封建等级观念的消失，这种作法已逐渐被前面讲到的第一种作法所代替。

b. 以双方是否熟悉为标准。上面已经讲过，亲属称谓带有亲切的含义，所以如果和我们交谈的对象是一个陌生人，相互之间可以不使用亲属称谓。特别在正式交际场合，对陌生人使用亲属称谓是不礼貌的。但是，如果是在非正式的交际场合，听话人又是一个比说话人年龄大很多的老人，一般应该使用亲属称谓而不能称为“同志”、“师傅”等等。至于平时经常见面的熟人，在非正式场合中，一般都使用亲属称谓，只是往往在亲属称谓前加上他们的姓或名或排行，比如“张大叔、王二婶、建国大哥”等。对这些熟人，特别是其中属于长辈的，在非正式场合不使用亲属称谓就显得生分，因而是不礼貌的。

c. 以交际场合的性质为标准。亲属称谓多用在非正式的交际场合，因此，在正式交际场合，对某些人本该使用亲属称谓的，有时也不应使用。比如，一位中学生的女邻居恰好是该中学的教员，如果他们平时比较熟悉，在学校以外的非正式交际场合中，这位中学生应该称她为“×阿姨”。可是，如果在课堂上，这位中学生要向她请教某个问题时，自然应该改称“×老师”。又比如，一位青年在业余大学听课时，要向邻座的一位中年人借用一下铅笔，这时，他就应该称自己的邻座为“同志”，而不能称之为“大叔”或“大哥”。如果使用了上述两种亲属称谓，那位中年人可能会认为这一称呼是有意奚落他年纪这么大了还来上学。电影《渡江侦察记》中有这么一段情节：一位老年农民给解放军的侦察员带路到江边山头观察地形。侦察员称呼他为“老大爷”，这位老农民很不高兴地说：“我也是个民兵呐！”原来在执行共同的战斗任务这一严肃的环境中，这位老农民不愿意说话人忽视双方存在的同志关系。后来，侦察员改口称他“老同志”，他才满意了。上述例子都说明带有亲切意味的亲属称谓同时包含了随便的语气，在严肃、庄重的交际场合或是需要突出交谈双方某种正式关系的情况下是不宜采用的。与此类似，即使用它来称呼真正的亲属时，也会受到同样的限制。

d. 以听话人的社会特征为标准。从这一角度出发，总的规律是：称呼对象的辈分、年龄越大，使用亲属称谓的频率也越高，对同辈人使用频率最低。另外，我们在北京市城区的调查中还发现：同样使用亲属称谓，称呼对象的社会身份不同，具体的称谓词也可能不同。对干部、知识分子等脑力劳动者，称呼为“伯伯”、“叔叔”、“阿姨”的较多，对工人，服务行业的体力劳动者，称呼为“大爷”、“大妈”、“大叔”、“大婶”的较多，而“老大爷”和“老大娘”在大多数情况下，只用来称呼老年农民或没有正式职业的老年城镇居民，极少有人用它们来称呼干部或知识分子。这是由于对工人、干部、知识分子等还有其他表示尊敬的职业称谓或职务称谓，而对农民或城镇居民，只有用称呼长辈亲属的词才能表示说话人的尊敬。由于在我国目前情况下，体力劳动和脑力劳动的差别还比较大，这种差别同时又表现出了文化程度上的不同，因此，亲属称谓的使用也就和称呼对象的文化程度有了联系。如果再把交谈双方是否熟悉这一因素放到一起来考虑，我们就可以用一个简单的函数式来表明亲属称谓使用的情况：使用亲属称谓的概率为 P，称呼对象的文化程度为 x，交谈双方的熟悉程度为 y，于是 P 的大小正好与变量 x 成反比而与变量 y 成正比，即

$$P=F\left(\frac{y}{x}\right)$$

这个函数式是我们在北京城区进行小规模抽样调查的结果，实际上反映了北京城区居民使用亲属称谓的标准。遵守它就是有礼貌的，反之则可能被认为不够礼貌。

值得单独一提的是“伯父、伯母”这一对亲属称谓的使用。解放前，它多为知识分子所用，称呼对象也多为知识分子。工农群众较少使用它，更少用来称呼工人或农民。现在，随着社会制度的改变和全国人民文化水平的逐步提高，这种差别正在慢慢消失。但近年来在一部分青年中，产生了一种偏向，即把“伯父、伯母”专用来称呼自己恋爱对象的父母。笔者在调查中遇到这种情况时，曾经询问过调查对象为什么要这样，他们的回答是：“电影、电视中就是这么用的嘛！”实际上，汉语中并没有这么一条使用规定，电影、电视剧本的作者也未必会凭

空创造出这么一个规定来。我们猜想，这大约是由于前一段时间中，电影、电视描写恋爱的较多，描写青年人与别人的其他关系的较少，于是，缺乏语言使用常识的部分青年就误认为这一对词是专门用来称呼恋爱对象的父母的。这大约是电影、电视剧本创作者没有意料到的另一个副作用吧。从汉语习惯来说，“伯父、伯母”用来称呼非亲属时比“大爷、大妈”或“叔叔、阿姨”显得更尊敬、更文雅一些，可以用来称呼熟人中的上一辈人。

对非亲属成员使用亲属称谓还要注意对已婚妇女称呼上的差别。旧社会的妇女社会地位很低，几千年的封建社会中，什么都是以男子为中心。这种重男轻女的社会制度反映到语言上就是对已婚妇女的称谓必须从称呼她的丈夫的角度出发。比如，我们称之为“大妈”的妇女仅仅因为她是“大爷”的妻子，并不需要知道她的年龄是否比父母大（对比一下称为“大爷”的男子，一般应该比父母大）。与此相应，我们称之为“大婶”的妇女，年龄不一定比父母小，只因为她是“大叔”的爱人，我们就得这么称呼她。我们从不会按称呼对象的实际年龄是否大于我们的父母而把一对夫妇称为“大爷、大婶”或“大叔、大妈”。另外，过去称呼“大妈”或“大婶”之前冠以姓氏时，必定是她丈夫的姓，“王大妈”的丈夫必姓王，而她本人可能姓张……。这种称呼反映了妇女没有独立的地位而必须依附于某个男子。但近些年来，笔者也发现，年轻人在使用“大妈”这个称谓时，有在前面冠以她本人姓氏的；特别是在指称职业妇女时，往往如此。比如一位本人姓李、丈夫姓王的居委会主任，就可能被一些年轻人称为“李大妈”而不是“王大妈”。解放以来，“阿姨”这个称呼逐渐流行，并有取代“大妈”、“大婶”的趋势。“阿姨”这一称呼的优点是它不依附于任何其他人而直接称呼听话者（比如“张阿姨”必是她本人姓张，而她丈夫不一定姓张），同时它既可用于已婚女性，也可用于未婚女性。从这个词的实际使用情况看，它已经很少有亲属词的色彩，成为对上一辈妇女的尊称。

e. 从说话人的子女或孙辈的角度出发去称呼听话人。这类称谓又叫做从儿称谓。使用从儿称谓可能有两种原因：一是表示说话人的谦逊，一是由于某种原因，难以使用别的称谓。比如，说话人与听话人是平辈人，甚至前者比后者辈分大。若按前面所讲第一、第二种标准，说话人应该采用对平辈年幼者，甚至是对晚辈的亲属称谓来称呼听话人。可是，这种称呼体现不了说话人对听话人的尊敬。如果改用从儿称谓，就可以把原来的“大兄弟”改为“大叔”，把原来的“大侄女”改称为“大姐”，从而表达了说话人的谦逊和对听话人的敬意。有的时候，在非正式的交际场合中，对年纪比自己小不了多少的未婚异性熟人，是很难找出恰当的亲属称谓的。如果说话人是一位女性，把听话人称为“大兄弟”虽然有一点自居“老大姐”的味道，但还勉强可以行得通（当然，如果说话人本人也是一位青年，她是不大可能采用这种称呼的）。但是，假定说话人是一位青年男子，他几乎没有可能把对方称为“妹妹”或“大妹子”（某些方言中可能例外）。上述两种情况下，说话人都可能从晚一辈的角度出发，称对方为“×叔叔”或“×阿姨”。这种称呼既显得亲切，又透着尊敬，解决了不好称呼的困难。从儿称谓在称呼亲属成员时也使用得很普遍，常常可以见到媳妇或女婿称自己的婆婆或岳母为"奶奶"、"姥姥",很重要的原因是有些人不习惯于把她们称为"妈妈",只好使用从儿称谓。

二、职业称谓

亲属称谓用来称呼非亲属,比较适用于非正式的交际环境,如车、船、码头、商店、公园、影剧院等。在比较正式的交际环境,如在工厂、学校、部队、机关谈论工作时,人们经常使用的是职业称谓。这种称谓带有尊重对方的职业和劳动的意思,同时也暗示着话题内容多半与这些职业和劳动有关。所以它也是一种合于礼貌的称谓。现代社会科学分支发达,职业门类繁多,并非每一种不同的职业都有一个特殊的称谓。在汉语中,较常见的是:

1."师傅"。"师傅"本来指传授技艺的长者。《穀梁传·昭公十九年》中有"羁贯成童,不就师傅,父之罪也。"在现代汉语中,"师傅"已经只用来专指有技艺的老工人。所以它也是一种职业称谓,同时又包含了对长者的敬意。前些年,"师傅"的称呼范围有扩大的趋势。比如,在北京,有相当一部分青年人对商店的售货员、服务行业的工作人员都称"师傅"。有的人甚至用它代替"同志"一词去称呼一切陌生人,连对干部、教师、解放军、民警,都称"师傅"。这是一种不正常的现象。产生这种现象的原因可能是:第一,"文化大革命"期间的乱批乱斗,严重混淆了两类不同性质的矛盾,弄得人人自危。人们对不深知底细的人,不敢轻易称呼为"同志",而改以没有政治色彩的"师傅"去称呼他。第二,在当时的情况下,工人的身份是最安全,最光荣的,于是人们在企求得到别人的帮助时,往往用称对方为“师傅”的办法来博得对方的好感。为了证明这一点，我们可以引用祝畹瑾同志调查的实例[①]：一位老司机说，需要年轻司机帮助自己修车时，就称他们为“师傅”，而年轻司机也反映，听到别人叫自己为“师傅”，不好不帮忙。最典型的例子是有一个男青年对某宾馆影剧院的女青年检票员说：“师傅，让我进去吧！”当检票员不让他进去时，他就说：“叫你师傅，还不行吗？”可见这位男青年是有意识地把称呼“师傅”作为讨好对方的手段的。从调查情况看，青年人使用“师傅”的比例比中老年人要大。但是，我们认为，随着社会风气的好转和人际关系的正常化，这种主要从个人功利目的出发的恭维也会逐渐为比较真诚、朴实而又切合称呼对象身份的称谓所代替。特别是对解放军、民警、医生、教师等本来有专门职业称谓的人，一律混称“师傅”是不合适的。

2. “大夫”或“医生”。这是对一部分从事医务工作的人的职业称谓。不过，它同时又是医务界某些职务的名称，所以又是职务称谓。正是由于上述缘故，并非一切从事医务工作的人都可以称为“大夫”或“医生”。在“文化大革命”期间，“四人帮”把社会发展现阶段上必要的分工也说成是必须加以批判的资产阶级法权，反对在医院中区分大夫、护士、护理员等不同的职责，要求他们统统干一样的工作。因此，在一段时间内，病人及其家属对医院中穿白大褂的一切工作人员都称之为“大夫”或“医生”。其实，医生，护士，护理员在称呼上的差别不过体现职责的不同，而职责分明是每个人干好本职工作

---

① 祝畹瑾《“师傅”用法调查》，见《语文研究》1984 年第 1 期。

的重要条件之一。称呼上体现这种职责差别有利于加强担负这一工作的人员的责任心。因此，分别对职责不同的医务工作人员使用“大夫”、“护士同志”、“护理员同志”是很正常的。至于为什么在“大夫”、“医生”之后可以不加“同志”，而在“护士”、“护理员”之后应该加上“同志”，后面再作分析和说明。

3.“老师”。这是对从事教学工作的人的职业称谓。在“文化大革命”中，有相当长一段时间停止了使用。后来正常的教学活动逐渐恢复，师生关系也重新建立起来，“老师”这一称呼重新大量出现。不过，现在“老师”的指称范围也比过去扩大了许多。“文革”前，中、小学的学生对教员当然一律称之为“老师”，而在北京的高等院校中，学生对教师和职员的普遍称呼是“先生”，至于对专职担任党政工作，特别是党、团领导工作的人，不称“先生”而直呼其名，或在姓名之后加上“同志”。这种区分是解放初期“同志”一词含有特殊感情色彩的反映。[①] 50 年代中期，由新中国培养的大学生陆续毕业，担任了大学中助教的职务。同学们对这些年轻的教员开始使用“老师”这个称谓，用以区别于当时已经作为讲师、教授的中、老年教师。称呼“先生”隐含了对他们长期从事教育工作的尊敬，称呼“老师”则含有比较亲切的意思。这种不成文的习惯一直沿用到 60 年代“文化大革命”以前。在“文革”中，“先生”一词也被当成资产阶级的东西而弃置不用，“文革”以后，“老师”就取代了“先生”成为学校中通行的称呼。凡是在学校里从事教学、辅导、科研、图书管理、财会、党政工作的，一律被称

① 具体分析详见后面“同志”的说明。

呼为"老师"。有的大学生说:"只要看见佩戴红底校徽的,我就称他为'老师'。"从"老师"一词的原义来看,师者,授业解惑者也。本来专指学校中传授业务知识、解答疑难问题的人,现在已扩大到指称全体教育工作者。甚至在各级教育行政部门乃至科研单位、文艺社团内,除了少数有行政领导职务的人之外,其他成员也互相称呼"老师"。我们认为,如果"同志"一词不能恢复它过去作为通称的地位,"老师"这个称呼恐怕就会在知识分子中流行开来。

4. 其他职业称谓。除了"师傅"、"大夫"、"老师"这三个使用得比较普遍的职业称谓之外,还有"司机、邮递员、门卫、解放军、民警、护士、护理员、售票员、服务员、列车员"等等也是经常使用的。上述称呼都或多或少地反映了称呼对象的职业,但它们与"师傅"和"老师"不同的是,它们同时又是一种具体职务名称,因此,这种称呼本身不包含特殊的敬意。当我们使用它们时,一般应该在后面加上"同志"一词来表示亲切和尊重。比如说:"司机同志,请您打开车门!""售票员同志,请给我一张到西单的票。""列车员同志,火车几点钟过黄河大桥?""护士同志,我的头疼得很厉害。"等等。有的人在医院里大呼大叫"护士"、"护理员"干这个,干那个,或是在汽车、火车上嚷嚷"售票员！给我一张一毛的票。""列车员,怎么不送开水?"都是很不礼貌的。从事服务性工作的人,大多数对服务对象的言语、态度比较敏感,因为旧社会遗留下来的轻视服务工作的影响还没有完全消失。我们对于这些同志的称呼,必须特别注意礼貌,以免伤害他们的自尊心。

上述四种职业称谓中,第一、二、三种本身就含有尊敬的意思，而且只表示职业的性质，不是具体职务的名称，所以可以在它们的前面加上姓氏来称呼，比如“张师傅”、“李大夫”、“王老师”等。第四种职业称谓同时又是职务名称，一般不能在前面加姓。比如不能说“张司机”、“李护理员”、“王售票员”等。

三、职务称谓

职务称谓可由于各个工作部门性质不同、内部系统结构不同而有差别。它的使用一般是为了明确分工与职责。因此，经常用在谈论工作、学习等正式交际环境中。当然，如果交谈双方关系比较疏远，即使在非正式的交际环境中，也可以使用职务称谓。比如在部队中可以称“司令员、政委、参谋长、教导员、指导员、师长、连长、班长、副班长”等等，在地方行政机关则可以称“部长、司长、局长、厅长、科长”等，在工程技术界有“总工程师、工程师、技术员”等。这些职务称谓的前面都可以加上姓氏来使用，也可以在它的后面加“同志”。但一般情况下，前面加了姓氏，后面就不再加“同志”了。加了“同志”的职务称谓一般比不加“同志”的显得更亲切一些。在大专院校中，从事教学工作的人在职务上有教授、副教授、讲师、助教等区别，但是在过去，除了书面语以外，一般不把它们用做口语中的当面称呼。比如从没有人当着王力先生的面称他为“王教授”。近年来，由于受港台地区和国外使用称谓的影响，开始有人把“教授”用在口语中称呼听话人，但是仍然没有人称“张讲师、李助教”。

对专职担任党、团领导工作的同志，党内有过明文规定，不要称他们的职务而应称“同志”。但有些部门却把党内职务也当做一种官衔来称呼，比如“王书记”、“李支书”之类。但在许多大专院校中，仍然保留了对他们称同志的习惯。比如我们一般不把北大党委书记称为“×书记”而是称为“×××同志”。即使对党中央书记处的书记们，我们也只称为“少奇同志”，“小平同志”，而不称为“刘书记”、“邓书记”。

四、通称

通称是不区分听话人的职务、职业、年龄等而使用的一种称呼。我国古代对男子表示尊敬的通称有“子、君、足下”等。在现代汉语中，解放前“先生”作为通称比较流行。但这个称谓一般只用来称呼有文化，有地位的人，而且不限于男子，对妇女也可使用。对于工人、农民等劳动群众，一般不称“先生”。解放前对未婚的妇女，通称是“小姐”和“姑娘”，前者与“先生”类似，只用来称呼有文化、有地位的女性。另外，对已婚妇女称“太太”。在北京话中，“太太”这个称呼并不仅仅是“老爷”或“先生”的配对词，它也可用来称呼劳动妇女。比如在老舍先生的《四世同堂》中，人们不仅把祁瑞宣的爱人韵梅称为“祈太太”，也把马寡妇称为“马老太太”，把人力车夫小崔的妻子称为“小崔太太”。现在，已经没有人把年轻的已婚妇女称为“太太”了（少数涉外场合是例外），但“老太太”这个称呼仍可使用。把它和“大妈”、“大娘”、“奶奶”相比，没有它们亲切，但也算是对老年妇女的一种尊称。“姑娘”这个称呼多为年纪较大的人用来指称年轻的未婚女性。这种称呼是非正式的，因此也比较亲切。但中年以下的人不宜使用它，因为称呼对方为“姑娘”虽然比较亲切，但暗含了自己比对方年长许多的意味。如果自己比对方大不了多少而在称呼上表示出以长者自居，是不礼貌的。

“先生、太太、小姐”这些通称，建国后，在大陆上使用范围一度大大缩小。“先生”曾通行于学校，现在仍可用来作为对民主党派成员或无党派爱国人士以及老知识分子的通称，在接待外宾、侨胞和港澳地区的人士时，“先生”也是常用的称呼，其使用规律也和建国前没有什么不同。随着改革开放的进程，我国与世界各国的联系日益增多；在西方社会普遍流行的 mister\miss 的对译词“先生，小姐”的使用也逐渐增加，年轻人中尤其明显。但这一对分别指称男、女陌生人的称呼与我国传统的“先生，小姐”还是有差别的。传统的“先生”的用法已如上述，“小姐”一词旧时专指有钱人家的未婚女性。从英语中对译过来的“先生”只用于男性，和“小姐”一样，只是对陌生人有礼貌的通称，并不针对有特定社会地位的人。比如，现在有不少年轻人称男女售货员、服务员为“先生，小姐”。另外一个典型的例子是：当一位女性使用呼机呼叫某人时，寻呼台的接线生一听呼者是位女性，马上就会问：“小姐贵姓”。得到回答后，接着就会说：“请留言”。从电话中是很难分辨人的年龄和婚否的，所以，被称为“小姐”的这位呼者，也许竟是位年近七旬的老太太。这种用法，显得和我国传统的“先生，小姐”有很大的区别。此外，还有一个可以兼指未婚、已婚女性的通称，那就是“女士”。“女士”一词是英语中 lady 的意译，它比“太太”更文雅一些，而且是从妇女本身来称呼的，不像“太太”是从她丈夫的角度去称呼。所以如果一位外宾娘家姓史密斯，丈夫姓威廉，那末，既可以称她为“威廉太太”，也可以称她为“史密斯女士”。对于一位职业妇女，使用她娘家的姓氏称之为“小姐”、“女士”是尊重她本人社会地位的表现，显得更有礼貌。但是在某些外交活动中，外交人员常常按礼节携带妻子一同参加，在这种情况下，称他们的妻子为“太太”更合适一些。除此之外，在一些外交场合还可根据外宾本人的身份称对方为“阁下”、“殿下”、“陛下”，也可以在他们官衔的后面再加“阁下”，比如“总理阁下”，“亲王殿下”，“皇帝陛下”等。这些称谓，一般群众极少使用。

自从新中国建立以后，我国社会上普遍流行的通称是“同志”，它不仅流行于汉语社会，也为许多兄弟民族社会所采用。“同志”的称呼对象，不分职业、职务、性别、年龄，使用起来十分方便。它的本义是指志趣相同的伙伴，早在我国古代就已出现。比如《后汉书·刘陶传》中记载刘陶“所与交友，必也同志”用的就是这个意义。我国旧民主主义革命产生以来，“同志”便增加了“在革命事业上志同道合”的意思。清朝末年，许多革命的群众团体，如“保路同志会”、“兴中会”、“同盟会”和后来的国民党，内部各成员间都互称“同志”。孙中山先生临去世时，还谆谆叮嘱“革命尚未成功，同志仍须努力！”所以在当时，“同志”作为一种革命的、新的称呼与官场上通行的一套官衔称谓形成了鲜明的对比：前者是革命的、激进的，后者是保守的；前者强调共同一致的平等关系，后者则等级森严。中国共产党成立以后，全体党员以在全世界最终实现共产主义为共同理想，中国人民解放军的全体成员以解放全中国人民为共同志愿，所以在党内、军内普遍互称同志（部队内为明确职责分工，便于随时应付军事行动中指挥的需要，同时使用职务称谓，如连长同志，班长同志等)。这种称呼不但体现了交谈双方有共同的革命理想和奋斗目标，而且体现了政治上一律平等，生活上亲如手足的阶级情谊。新中国建立后，这种称呼逐渐扩大到党外、军外的群众中，成为使用得最广泛的一种称呼。当时，经常使用“同志”这个词是向往革命、要求进步在语言上的表现之一，而被称为“同志”的人更会由于被革命者引为知己而自豪。所以，“同志”一词在革命的色彩之外，又增添了亲切的含义。建国后，不少党员从职业革命者转而担任了各企业、事业单位的领导职务。在 50 年代中期，曾经出现过党内不称“同志”，而称官衔的情况。党中央为此曾专门发过文件，要求改变这种现象。文件指出，动则以官衔相称，不称自己的官衔就不高兴是庸俗的资产阶级虚荣心的表现，它会破坏我党官兵一致，干群一致的优良传统。因为连党内同志也互称官衔必定会助长某些干部的名利思想，视人民的公仆为人民的老爷。有的人热衷于追求个人名利，甚至出现了“张过秤”、“李管库”这样令人啼笑皆非的称呼。由此可见，称呼本身不仅反映了某种社会风气，而且也会反过来影响社会风气的形成或改变。“同志”一词广泛使用之后，在使用规律上比初期有了一些变化。比如为了对年长者表示尊敬，可以称之为“老同志”，对小孩表示亲切可以称为“小同志”，在人比较多的公共场合，为了明确自己称呼的是哪一个，还可以在前面加上指示代词和量词。比如“这位男同志，请给抱孩子的让个座儿。”“那位女同志，您的东西掉了！”等等。由于“同志”一词含有平等、亲切的意思，所以在称呼对方职务时，后加“同志”一词就会显得更亲切、随便一点。但一般情况下，“同志”

不能加在亲属称谓和职业称谓的后边，比如不能说“大叔同志”、“阿姨同志”或“老师同志”、“师傅同志”等，但“医生”、“护士”兼有职务称谓的功能，可以在它们的后面加“同志”。

除了“同志”之外，学校中的学生可以互称“同学”，这也是一种通称，只是适用范围小一些。它既可用于口头，也可用于书面，既可以作为当面的称呼，也可以称呼不在场的第三者。学校中的老师也可以对学生使用这一称呼。不过，它与“同志”有一点不同，即在“同学”之前不能加姓，而可以加名或姓名一起加。比如，不可以称某人为“张同学”(对比“张同志”)，但可以称他为“建国同学”或“张建国同学”。

在北京等北方城市中，部分男青年当中流行“哥们儿”的称呼，大体上相当于上海等南方城市中青年间流行的“朋友”。它们各自在一部分人中代替了“同志”这个称呼。不过，它的使用有几条限制：第一，称呼对象年龄不能超过中年；第二，称呼对象是男性；第三，一般用在非正式场合。这种称呼一律不能在前面加姓或名。女青年很少使用“哥们儿”这一称呼，有的人模仿“哥们儿”创造了“姐们儿”的称呼。但这一称呼不但仅为一些年轻女性使用在非正式场合，而且带有某种戏谑的成分，所以使用频率大大低于“哥们儿”。

汉语中还有一些通用的尊称和谦称，分别指称听话人与说话人。这类称呼又可以分为两类：

第一类是分别用一些特殊的名词指称听话人和说话人作为尊称与谦称。比如在我国古代，可以按照听话人的社会地位分别尊称对方为“王、君、侯、公、卿”等，也可按自己的社会地位分别谦称自己为“寡人、臣、在下、仆、小人”等。如果说话人是女性，则谦称自己为“奴、奴家、婢、妾”。随着封建社会的崩溃，上述尊称与谦称在口语中已经消失，只存留于古文献中。但是直到今天，权势关系中权势较低的一方仍旧可以用自己在权势关系中所扮演的角色名称作为谦称。比如《红楼梦》中贾政对贾母自称“儿子”而不用“我”，王夫人对贾母自称“媳妇”也不用“我”。我们今天在书信上也可以对父母用“儿子”、“女儿”去代替“我”，学生对老师以“学生”代替“我”。说话人用“我”指称自己是一般用法，用上述名词代替“我”就含有谦恭的意思。另外，在平辈、同龄的知识分子中，男子往往尊称听话人为“××兄”，女子尊称听话人为“××姐”。被称为“兄、姐”的人实际年龄并不一定比说话人大，“兄、姐”其实只是一种尊称。但要注意的是，男性说话人可以对同龄的任何性别的人谦称自己为“弟”，而女性说话人只能对同性者谦称自己为“妹”。另外，在部分知识分子中，也有人尊称平辈年长的妇女为“兄”，尊称平辈年幼的妇女为“弟”的。被尊称为兄或弟的妇女，或是有巾帼丈夫的气概，或是在工作、事业上做出了成绩，受到别人的尊敬。而使用这种尊称的说话人多半也是反对歧视妇女而主张男女平等的。不过，这种无视性别之分而异于常人的称呼本身却恰好证明了歧视妇女的传统影响的残余。因为，决不会有人尊称某男子为“姐”或“妹”。

第二类是在一些普通名词前边加上特定的形容词，分别表示尊称与谦称。这种尊称和谦称不是指听话人或说话人，而是指与听话人和说话人有关的人、事、物等。其中的尊称是在名词或称谓前加“令、尊、贵”等词从而构成“令尊(你的父亲)、令堂(你的母亲)、令兄(你的哥哥)、令嫂(你的嫂子)、令弟、令妹、令郎(你的儿子)、令嫒(你的女儿)、尊夫人(你的妻子)、贵姓、贵乡、贵庚(你的年龄)、府上、贵著、大作……”等等。谦称是在名词或称谓前加“家、拙、贱、舍、寒、敝、小”等词,构成“家父、家母、家严(我的父亲)、家慈(我的母亲)、家兄、家嫂、舍弟、舍妹、敝内、贱内、拙荆(这三个词均指自己的妻子)、敝姓、敝乡、犬子(我的儿子)、小女(我的女儿)、舍下、寒舍……”等词。在目前的社会中,除了“令尊、令兄、贵姓、府上、大作”和“家父、家母、敝姓、拙著”之外,其他的词已很少有人再用,即使仍在使用的词也多出现在书面上,很少见于口语(只有“贵姓”、“府上”是例外,它们在口语中仍经常出现)。

五、蔑称和贱称

礼貌语言的主要内容是向听话人表示友好和尊敬,蔑称与贱称则刚好与之相反,是蔑视、轻视听话人的一种称呼。除了在某些特殊的场合之外,一般都不应使用。但是现在有些人,特别是文化知识较少的青少年,常常由于无知,或纯粹是为了好玩而任意使用它们,造成极不好的后果。所以我们在这里也要附带地讨论一下这个问题。“老”是汉语中构词能力很强的一个前缀,加在指人的名词或姓之前有尊敬的意思。但是用它加在“帽儿”的前面来称呼农民,无异于呼人为“土包子”。还有人把农民称为“老二哥”,这是对把工人称为“老大哥”的一种类推用法,但它并不含有尊敬的意思,反而带有讽刺的味道。因为它是部分青年对“四人帮”搞唯成分论的一种反应。表现了说话人出于无奈而只好服从的愤慨。打倒“四人帮”之后,人际关系已经逐渐正常、融洽,今天还使用这种称呼就有点玩世不恭的味道。至于把解放军称做“大兵”更带有轻视对方的色彩，这和我国建国前人们把国民党的士兵叫做“丘八”一样。还有某些蔑称和贱称与历史上的某些特殊事件有关，事过境迁之后就不应该再使用它们。比如从明朝戚继光镇守海疆，到清末义和团起兵，直至抗日战争、抗美援朝战争期间，广大群众对于我们当时的敌人都有过各式各样的蔑称和贱称。它反映了人民对敌人的痛恨和对卫国战争必胜的信念。可是，如果今天还用它们去称呼来到我国从事工作、学习或旅游的外国人就是完全错误的了。我们的祖国是一个具有数千年文明历史的礼仪之邦，对于抱着友好态度来到我国的一切外国人，历来是以礼相待的。我们应该发扬这种优良传统，决不能像慈禧等昏庸的封建统治者那样狂妄卑劣：口头上“洋鬼子”、“番蛮子”骂个不停，行动上却恐洋媚外、卖国求荣，没有一点民族气节。

六、姓名称谓

在世界上不同的语言社会中，交谈时以听话人的姓名作为称谓词来使用的往往有许多不同的规矩。比如英语社会中，姓名有两个组成部分，即名字(first name，又称教名。因为他们大多信仰基督教，新生婴儿要按宗教仪式“受洗礼”并取名，同时，往往以某个圣徒的名字作为婴儿的名字，所以名字又往往称为教名）和姓（last name，又称父名，family name)，两部分合称全名(full name)。通常情况下，陌生人互相称姓而不称名，比较熟悉、亲密的人才可以不称姓而只称名字。至于全名用作称呼多为比较正式的场合。另外，在介绍两个陌生人相识时，也应该分别向双方介绍另一个人的全名。英语、俄语等名字都有通称和昵称的区别。通称是在一般情况下用的。只有极其亲密的家人、朋友之间才能使用昵称。比如一个人名叫 Winfred，它的昵称形式就是 Freda，而 Арйна 则是 Арйночка 的昵称。汉族人一般分姓与名，其排列次序和英语相反，姓在前，名在后。过去，知识分子往往还有“字”和“别号”。姓名用作称谓时有下列几种情况。

1. 单称姓名。这是平辈熟人或长辈对晚辈经常使用的一种称呼。一般说来，如果交谈双方有亲属关系，常常只称名，若无亲属关系，则连名带姓一起叫。但在关系十分亲密的同学、同事、朋友之间，也有只叫名而不带姓的（如果称呼对象是单名、单姓，只好连名带姓一起叫）。需要注意的是称呼异性往往要带姓，只有多年同学或共事的熟人才能只叫名字。因为在过去，只有兄姐对弟妹，或恋人之间，才可以在异性之间只叫名字。这条使用规律现在已在逐渐改变，但其影响还未完全消失，所以必须十分谨慎，否则有可能被认为是过分亲密的失礼行为。

上面所说的都是在口语中使用姓名作称谓的情况，在书面语中使用时略有不同。近年来，有不少青年人把口头上的各种用法照搬到书面上，这是不合汉语习惯的。按照汉语的习惯，写信给比较熟悉的平辈人时，应该只写名字。如果双方不大熟悉，则可以在名字后面加上“同志”或“同学”等称呼，不能像在口语中那样，在信的一开头就直呼其姓名×××。因为口语可以通过语气、神态等表达说话人的友好态度，而书面语作不到这一点，因此写法上要比口语的形式更亲切一点。

如果连名带姓一起写上称呼收信人，往往是生气或蔑视对方的表现。我国广大农村中，人们安土重迁，往往是世世代代居住在同一个地方，同村同寨的邻里之间，非亲即友，关系比较密切。因此，他们除了较多地使用亲属称谓去称呼非亲属成员以外，同辈人之间也常常互叫名字，或是在名字之后再加“哥、姐、嫂、妹”等词。在城市居民中，这种类型的称呼比较少见。

2. 姓名前后添加别的称谓。在姓名之后添加别的称谓比单称名字或姓名要显得客气一些、郑重一些，因此它往往用在比较正式的交际环境中。可以添加在姓名之后的，除了“同志、同学、先生……”等通称之外，还有职业称谓。比如：“郑柏年大夫”、“王志军老师”、“何强师傅”等等。有些职务称谓也可以加在姓名之后，比如“张华教授”、“徐建工程师”等。但是，那些具有官衔意味的职务称谓一般不加在姓名后作为面称。因为称呼官衔往往是下级对上级的尊称，而直呼姓名是平辈熟人间的互称，两种称呼表达了交谈双方不同的关系，不能合到一起。不过，为了区别官衔称谓指的具体人，在说话中指称第三者时可以说“×××处长”、“×××政委”。如果对称呼对象单叫名字，后边再加“同志”，则既表尊重，又有亲切的意味，比如“少奇同志”“恩来同志”。

在汉族人的姓之前，还可以加“老、小、大”等词，用在非正式场合，称呼比较熟悉的平辈人。比如“老张、小李、大王”等等。“老”虽然多用在年龄较大的人的身上，但并不一定表明称呼对象是老年人。一般说来，如果称呼对象年纪已在40开外，把他称为“老×”只是比称呼姓名或职务更亲切一点；如果称呼对象刚刚30出头就被称为“老×”，这个称呼就表达了特殊的敬意。因为在这种年纪，完全可以被称为“小×”。称其人为“小×”不但比较随便，而且有亲切的意味。有少数的姓前面可加“小”，后面还可加“子”构成“小李子、小朱子”等称呼。这种称呼比“小李、小朱”更为亲昵，同时，称呼对象的年龄也比较小。“老×”、“小×”之后若再加“同志”、“老师”、“师傅”等称谓，则可以冲淡亲密的意味而增加庄重的色彩。在日常生活中，我们还可以听到“大×”的称呼。这种称呼往往表明称呼对象是一个大个子，或者是由于在同一个小单位中，有和他同姓的人，为了区分开不同的称呼对象，从年龄或个头上分别以“大、小”来称呼他们。显而易见，这种称呼只能在平辈熟人中使用，而且也只能用于非正式的交际场合，否则就是不礼貌的。

在北京话中，对老年男性还有一种特殊的称呼法，就是在称呼对象的姓之前加“老”，姓之后加“头儿”，如“老张头儿”、“老王头儿”等。这也是在非正式交际环境中的一种比较亲切的尊称，其中的亲切成分多于尊敬的成分。但要注意，可用这种称呼的对象多为体力劳动者。对于干部、知识分子中的老年男性，比较尊敬的称呼是“×老”，即把“老”加在他的姓的后面。“×老”这种称呼既可用于正式场合，也可用于非正式的交际环境中。但它比姓或姓名加职业称谓、职务称谓显得更亲切一点。与“老×头儿”相比，则尊敬的成分多于亲切的成分。

姓名或名字之后加亲属称谓的用法前面已经分析过了。它们多半用在非正式的交际环境中。在正式的交际场合中，用得更普遍的是在姓名或姓或名之后添加职业称谓或职务称谓，也可以加通称，但是职业称谓中的“司机、邮递员、解放军、民警、护士、售票员、列车员”等不在此列。名字加职业称谓比姓加职业称谓更亲切，比如“柏年大夫”比“郑大夫”亲切。但前一种用法多用在平辈人之间，而后一种称谓既可以是平辈人的互称，也可以是晚辈、年幼者对长辈、年长者的称呼。

3. 字、别号、小号和绰号。汉族社会中，过去只有知识分子才有字和别号，称呼听话人的字或别号是一种风雅的行为。比如“鲁迅”是周树人先生的笔名，他的名是“树人”，字“豫才”。所以我们可以看到给鲁迅先生的许多信件中称他为“豫才先生”。又比如胡适，字适之，人称“适之先生”。现在的知识分子大多数只有名，而不再有字。少数从事写作的人有笔名，如舒舍予先生的笔名是“老舍”。沈雁冰的笔名是“茅盾”。除少数有名的作家之外，笔名一般不用作交谈时的称呼。别号更是旧时文人、隐士用以表明自己心志的一种特殊手段。比如北宋著名的文学家欧阳修，字永叔，号醉翁，晚年号六一居士；苏轼，字子瞻，号东坡居士；清末维新派首领康有为，字广夏，号长素，又号更生；谭嗣同，字复生，号壮飞等。现代人很少有别号，所以也不会像古代的知识分子那样，用别号来称呼听话人。但是汉族人无论是南方还是北方往往有小名。小名是父母等长辈亲人对儿童的昵称。过去，由于封建迷信的关系，父母往往要给儿女起一个吉利的小名：北方农村时兴叫“铁柱、铁蛋、锁锁、拴拴”之类，而南方农村则认为取个贱名更容易成长，不致招来恶神、厉鬼的嫉妒，所以常以“狗娃、牛娃、虾仔”之类作小名。新中国成立之后，广大农村中人民的生活有了改善，文化较前普及，封建迷信的色彩也随之减弱。父母给孩子取小名往往从自己喜爱、崇拜的人、事出发，比如“军军、改改、红红”之类。城市居民给孩子取小名多用“小宝、小毛、贝贝、莉莉”之类。由于小名是非正式场合中的昵称，一旦称呼对象长大成人以后，小名即不再使用。只有他的父母和近亲才有继续使用小名称呼他的权利。所以，我们即使知道某人的小名，也不能轻易使用它。绰号是同辈熟人之间的戏称。称呼对象或是由于具有某个特征，或是由于某个特殊事件而被人给予一个绰号。绰号也可以分为两种：一种绰号是称赞称呼对象某种好的品质和言行的。比如《水浒传》中，宋江在江湖上的绰号是“及时雨”，表明他经常在人们急需救援时给以帮助。又比如电影《小兵张嘎》中，有一位武工队员的绰号是“快板刘”，说明这位姓刘的战士善于说快板。叫某人为“闲不住”是赞扬他勤劳；称某人为“气死牛”是夸他力气很大。这类绰号表达了称呼人对称呼对象的赞美和敬重，因此在非正式的交际环境中是可以使用的。但晚辈不能以绰号来称呼长辈，因为绰号终究带有一些戏谑的成分。另一类绰号则是挖苦、讽刺称呼对象的某种缺点或不好的言行。除了对敌人（比如《高玉宝》中的“周扒皮”和《红色娘子军》中的“南霸天”）之外，用这种绰号去称呼人是无助于团结的，也不能帮助称呼对象改正他的缺点或错误，是一种不尊重他人人格的不礼貌行为。特别是以某人生理上的缺陷作为绰号的根据，更是不道德的。

七、关于“不好称呼”的问题

近年来经常可以听到有些老年人感慨：“现在的年轻人不

爱叫人!”为什么有些人,特别是青年会给人以“不爱叫人”的没礼貌的印象呢?我们认为:并非大部分青年都不爱叫人,那些被认为是不爱叫人的青年也并非对谁都不称呼。老年人的上述感慨只不过反映了现实生活中确实存在着不好称呼的情况。这种为难的局面任何人都可能碰到,但由于种种原因(我们将在下面略做分析),在部分青年身上表现得特别突出。为了弄清到底有哪些情况使青年人感到不好称呼,笔者曾以北京大学的学生为对象,组织选修《社会语言学》课的同学进行过一次小规模的抽样调查。调查的结果表明,不好称呼一般有两种情况:一种是不知道选择什么样的称呼才合适,一种是知道应该称呼什么而不好意思开口。这两种情况都可能导致避免称呼而给人以“不爱叫人”的印象。

我们先来分析第一种情况。当说话人拿不准与交谈者处于一种什么性质的关系时,往往会出现选择称呼的困难。换句话说,说话人由于弄不清双方交际角色的关系而不知道使用什么样的称呼才合适。这种困惑可能由下述三个原因之一引起:

1. 交谈双方在不同时期形成的关系性质不同,说话人不知道应该以哪个时期的关系为准来选择称呼。比如,说话人与听话人年龄相差不大,但前者过去是后者的学生,而现在两人又成了同学或同事,甚至前者成了后者的上级。在这种情况下,说话人可能很为难:按过去的关系称呼吧,已经时过境迁,不太合适;按现在的关系称呼吧,又觉得不够尊重对方,生怕对方误以为自己有意“装大”。青年人对这类性质的不好称呼往往比老年人感到更加难办。因为大部分老年人受汉族社会礼教传统的影响较深,"君子不忘旧"、"一日之师,终生之师"一类观念使他们倾向于使用原来的称呼。青年人很少受到这类传统观念的影响,便会觉得左右为难。从目前大多数实例来看,如果交谈双方的现时关系继续保持下去,它将逐步占优势而取代历史上的关系成为选择称呼的标准。这种不好称呼的情况一般发生在过去的权势关系转变为现时的一致关系,或者虽然权势关系性质未变,但说话人已由过去权势较低的一方转为现在权势较高的一方。如果交谈双方过去是一致关系,现在转变为权势关系,说话人又处于权势较低的一方,就不大会出现不好称呼的局面。说话人会直截了当地以现时的关系为准去选择称呼。

2. 交谈双方从不同角度形成的交际角色关系的性质发生矛盾,从而造成难以选择称呼的局面。比如,从辈分这个角度,甲比乙高,但从年龄这个角度,甲比乙小很多。在这种情况下,甲乙双方都可能感到不好选择称呼。家族观念、旧礼教观念较重的老年人会毫不犹豫地以辈分为标准,对年龄比自己小的长辈使用对长辈的称呼,对年龄比自己大的晚辈直呼其名。可是,年青人碰到这种情况就感到格外为难了。一般说来,我国的农村中家族观念比城市中要重。所以,农村青年往往根据父辈留下的传统以辈分为准来选择称呼。但在城市中,特别是在小家庭为生活单位占多数的知识分子中,由于对家族的其他成员印象不深,加上西方文化的影响,大多数青年不愿再按辈分来称呼年龄与此不相当的人。如果家长不加干预,他们往往会从年龄上形成的一致关系来选择称呼。只是,在这种情况下,很少再选择亲属称谓而是改称名字或其他称谓。因为对汉族成员来讲，无论他怎样地不重视旧的传统，年纪小的叔叔也不会称年纪大的侄女为“姨”或“姑”，而年纪大的侄女也不会把年纪小的叔叔叫成“弟弟”。如果交谈双方之一意识到自己违背旧传统去选择称呼可能引起对方或第三者的不满，他们就可能采取不作任何称呼的办法来回避矛盾，从而给人以“不爱叫人”的印象。

3. 难以判断交谈双方究竟应该算是什么性质的关系时，更加不好选择称呼。这是每一个人都可能碰到的难题。比如，在大专院校中，青年助教往往是刚留校的毕业生，他们不仅和尚未毕业的大学生曾经是同学，关系密切，而且可能岁数也差不多，甚至有可能比他们还小一点。大学生对这些年青的助教可能称老师，也可能直呼其名，但是对这些年青助教的爱人称呼什么好呢？既不能把他或她称为“叔叔”或“阿姨”，也不好只称他们为“同志”。如果这些年青助教的爱人也是教员，矛盾倒比较容易解决，也称他们为“老师”好了。如果他们不是教员，或自己不知道他们从事的是什么工作，那就十分为难了。又比如，一般人对和自己关系不算密切的同事的爱人，有时也很难选择恰当的称呼。如果听话人年龄比自己大，还可以称之为“大哥”或“大嫂”，如果年龄比自己小就很难找出恰当的称呼。上述两种情况在汉族的旧传统中是有称呼的。老师的爱人叫做“师母”或“师娘”，同事的爱人年龄比自己小时叫做“大兄弟”或“大妹子”或“弟妹”。可是，现在已不时兴使用这些称呼了。遇到上述情况时，如果知道对方姓氏，可以从他们年龄的大、小上分别称他们为“老×”或“小×”。如果不知道他们姓什么，只好避免直接称呼他们，给人一个“不爱叫人"的印象。

出现不好称呼的第二种情况是，说话人明明知道应该如何称呼听话人，但却不好意思开口。它往往是一种"矜持"心理的表现，多半发生在交谈双方存在非血缘的姻亲关系时。说话人自己感觉与听话人并不亲密，但按照汉族的习惯，又必须对他使用表示亲密的亲属称谓，因而觉得这个称谓像是自己有意攀附、拉近乎似的，很是别扭。有的人经过一段时间之后，可以慢慢地习惯下来，有的人始终不好意思开口，也会给人一个"不爱叫人"的印象。比如，有的儿媳妇或女婿对自己的公婆或岳父母常常感到难于启齿称他们为"爸爸、妈妈"，年轻的姐夫或嫂子也会使他们的弟妹在称呼他们时感到为难。如果说话人有了孩子，他们就会用从儿称谓来解决这个难题，把老人称为"爷爷、奶奶"或"外公、外婆"，把姐夫、嫂子称为"姑父"、"姨父"或"大妈"、"舅妈"。如果说话人没有孩子，他们常常避免作任何称呼。这种情况在50岁以上的老人中较少出现，而35岁以下的青年人中出现的比例最大。如果从说话人本身社会成分来看，知识分子或知识分子家庭出身的青年表现最为突出。这一现象说明这类不好称呼仍旧与家族观念的日趋淡漠有关。

人称代词的使用

每一个人都知道在说话时指称自己用“我”，指称听话人用“你”，指称第三者用“他”。但是有些语言中，代词还有通称、尊称和谦称的区别。下面将以汉语普通话为主讨论人称代词的各种形式和用法。

一、通称

通称是一般的称呼，除了指称说话人、听话人和第三者外，没有其他特殊的含义。通称是一般话语中大量使用的形式，在汉语普通话中的形式是我、你、他。如果说话人、听话人、第三者不止一人时，则用“我们”、“你们”和“他们”。这是一般人都很清楚的、无庸赘述。

二、尊称

为了表达对听话人的尊敬，可以在指称听话人时使用代词的尊称形式。有的语言中指称第三者的代词也有尊称形式。从世界上大多数语言来看，指称听话人的第二人称代词的尊称形式可以有四种构成方式：

第一种也是最常见的一种，它是借用第二人称代词的复数形式作为对单个听话人的尊称。许多印欧语的代词尊称形式都是这样构成的。比如俄语中的 вы，既指称“你们”，也可指称“您”。又比如法语中的vous和tu,分别相当于汉语中的“您”和“你”,而vous原来也是第二人称代词的复数形式。英语中的you本来是第二人称代词thou的复数形式ye演变而来。现在单数的通称thou已经消失,只剩下复数的you同时又是单数的尊称形式。在汉语普通话中,虽然专有一个“您”作为听话人的尊称,但是在说话时使用“你们”来代替“你”也会显得更客气一些,试比较下列句子:

你们学校什么时候放假?……………………………… (1)

你校什么时候放假?…………………………………… (2)

第二句不但书面语气息较浓厚,而且没有第一句客气。由此可知,不直接指称听话人而用“你们”去代替表明了说话人的谦恭态度。至于已经吸收到汉语普通话中的北京方言词“您”,是不是由“你们”演变而来,语言学界还有不同的看法。高名凯先生在他的《汉语语法论》中认为,“您”字在金、元时代的北方话中是第二人称代词的复数形式,同时认为“您”是由“你们”音变而来。因为“您”字在《广韵》和《龙龛手鉴》中都没有收,只见于《中原音韵》。在《中原音韵》中,把它列入寻侵韵,可知当时它的语音是以-m收尾的。再以“您”的现代语音形式[nin]来比较,可以推测当时的发音应该是[nim],因为在北方话中,中古音收-m尾的,今天都改收-n尾。高先生认为,这就说明“您”是“你”[ni]加上一个-m尾而成,其旁证是现代第二人称代词的复数形式“你们”也是在“你”之后加上一个带m的“们”。由此,高先生进一步认为现代北方话第一人称代词谦称形式“俺”[an]以及第三人称代词尊称形式“您”

[tam]都是在“我”、“他”这些人称代词词后加-m，后来-m 又演变成-n，就成为今天的语音形式了。[①] 但是，从今天可见的金元戏曲等材料上看，当时的“您”只表示第二人称代词的复数，或表第二人称领属的意义（相当于“你的”），不包含尊敬的意思。但无论如何，用第二人称代词复数形式作为对单个听话人的尊称，在许多别的语言中是常见的。

第二种构成尊称的方式是用表尊敬的词组的合音形式指称听话人。比如现代北方方言中，不少地方用“你老”、“你老人家”的合音来作为尊称。武汉话中的“你家”[ṇ tbia]是“你老人家”的合音，“他家”[ta ȵia]是“他老人家”的合音。《中原音韵》作者周德清的故乡——江西高安县周家老屋村的地点方言中，“人”的语音形式是[in]，“老人家”则说成[lou ŋ̍ ka]。第二人称代词的尊称形式为“你老人家”[ṇ lou ŋ̍ ka]。湖南邵阳方言对听话人的尊称是[ṇ na ka]，其实也是“你老人家”的合音。《红楼梦》和《儿女英雄传》中对听话人的尊称都是“你老”或“你老人家”。《老残游记》中则既有“你老”、“你老人家”，也有“您”或“伫”。因此，我们比较同意吕叔湘先生的看法：今天北京话中的“您”很可能是由“你老”这个词组的合音演变来的。因为在语流中“老”的元音有可能脱落而只剩下开首的辅音黏附在前一个音节上，北方话中又没有-l 这个韵尾，-l 就进一步演变为同部位的鼻音-n，于是就成了今天的[nin]。[②]

---

① 高名凯《汉语语法论》第 2 编第 2 章第 4 节，科学出版社，1957 年。

② 吕叔湘著、江蓝生补《近代汉语指代词》第 36—37 页，学林出版社，1985 年。

第三种构成方式是借用第三人称代词作为对听话人的尊称。这也是避免直接指称听话人的恭敬心理起作用的结果。比如德语第二人称代词的尊称形式是 sie，而 sie 本身是第三人称代词。使用这种尊称形式的语言不多。

第四种构成方式是直接把一些表尊敬的名词转化为代词的尊称形式。比如在我国古代，“君”、“子”本来都是有实际意义的名词。“君”指有封地的统治者，“子”指男子有德者或老师。后来“君”、“子”都失去了原来的实义而变成对听话人的尊称（“子”仍旧只限于指称男性，是原来词义的残留）。又比如意大利语第二人称代词的尊称形式是 lei，而 lei 是 la vostra Signoria（爵爷）的缩写。西班牙第二人称代词尊称形式 usted 也是从 vuestra Morced（公爵大人）演变来的。

人类语言中代词的尊称除了在构成方式上具有上述共同点之外，它们在指称作用之外附带表达的某些意味也有许多共同的地方。比如，凡是区分代词的尊称形式（我们把它写为 V）和通称形式（我们把它标写为 T）的语言中，尊称形式首先为权势关系中权势较低的一方所使用，从而使得权势较高一方所使用的代词形式添加了屈尊俯就的意味。比如在《四世同堂》中，天佑太太和祁老人是儿媳与公公的权势关系，天佑太太处于权势较低的一方。她对祁老人说话就使用了第二人称代词的尊称形式：“我们不能教您老人家去！事情不好办是真的，可是无论怎么说，我们得想法子孝顺您！还说您的筐子扁担呢，横是搁也搁烂了。”[①]祁老人和儿媳说话则只用“你”

① 老舍《四世同堂》，百花文艺出版社，1979 年。

而决不会用“您”。这就是说，在权势关系中，处在权势较低地位的一方使用V，而对方回报以T。一致关系中的双方是平等的，为了区别于权势关系，双方就使用互换的代词形式。比如《四世同堂》中的瑞宣和瑞全是弟兄同胞间的一致关系，他们彼此互换使用同一个代词形式——“你”。如果处在一致关系中不用代词的通称形式T而使用V，就会使这个尊称形式引申出郑重、客气、疏远等含义。最典型的例子是老舍剧本《全家福》中王仁德、王仁利兄弟二人之间的几段对话。同胞兄弟是一致关系，按理应该互换T式。可是由于兄弟二人之间发生了误会，王仁利不肯认他的弟弟。这时，王仁德只好用表客气的V式称呼他的哥哥：“您说的是废话！三顿饭还混不上，我哪儿来的钱去找您？您说！”①一当误会解释清楚，王仁德立刻转而使用表示亲密意味的T式：“别只看你自己不错，……别只想你自己委屈。”“……嫂子知道你死了……她可怎么办呢？你说！”②由此可知，汉语和其他许多语言一样，随着交谈双方关系的不同，V和T除了指称听话人以外，还表达了两套平行的意义：从权势关系的标准出发，V表尊敬，T表屈尊俯就；从一致关系的标准出发，V表郑重、疏远，T表随便、亲密。

但是，正如每个具体语言（方言）的代词尊称构成方式可以不同一样，代词的使用及其附加含义在不同的语言（方言）中也会有些特点。这些特点往往和语言社会的历史、文化传

---

① 老舍《全家福》，见《老舍剧作全集》第3卷，中国戏剧出版社，1982年。
② 同上。

统和语言结构系统本身的特点有关。我们要想恰当地选择代词形式，使话语合乎礼貌，就应该对它们有所了解。比如英、法、俄等许多印欧语中第二人称代词的V式多是借用第二人称代词的复数形式。从历史上看，它最开始只是专门用来指称皇帝的。据说，在公元4世纪前后，由于当时的罗马帝国实际上有两个皇帝：一个在欧洲的罗马，一个在亚洲的君士坦丁堡，所以臣民面对一个皇帝讲话时，指称为"你"（皇帝本人）的应该是两个人。于是就把"你们"当做"你"来使用。这种用法是专对皇帝的，当然含有尊敬的意思。另一方面，皇帝本人认为他可以代表自己的臣民，臣民用复数形式来指称他个人实际上是指称他和他的臣民。这种以复数指单数表示尊敬的用法逐渐在宫廷周围的贵族中流行开来，不再专门用来指称皇帝，也可用来指称一个贵族。久而久之，互相使用V式成了贵族显示自己特殊身份的一种标志，连父子、母女、夫妻之间也都互相用V，只有对仆人、平民才用T。而一般平民只对贵族用V，在自己阶层内部，一律只用T。这样一来，被人称做V或T成了不同阶级的分界。所以，在欧洲历史上平民反对贵族的多次斗争中，往往同时出现反对在语言中使用V的情况。比如在法国资产阶级大革命时期，公共安全委员会曾经宣布使用代词的V式是一种封建习惯，应该废除。它要求全体公民都相互使用代词的T式。在17世纪的英国，等级森严的基督教会中出现过一个提倡人人平等，反对等级制度的公谊会教派。这个教派的教规之一就是不许对任何人使用人称代词的V式。由于印欧语言中人称代词的V式具有这样的历史，所以至今仍影响着使用者的心理，以致有的语言学家认为，在英、德、法、西、意等国社会中，经常使用代词 T 式的人往往是思想激进分子，而政治倾向比较保守的人则喜欢使用 V 式。当然，现代印欧语中 V 式称呼的对象已不限于所谓上等人。绅士、小姐们到商店购物，到餐厅就餐，对售货员、服务人员也用 V 式，使用 V 式称呼听话人除了表示尊重（不一定是尊敬）听话人之外，又是说话人有教养、文雅的标志之一。而大量使用 T 式则是文化水平不高和粗俗的表现。大约正是由于这个缘故，有的人才把使用 T 式和同情劳动群众的思想激进分子联系起来了。

汉语代词的尊称形式没有这种源出上层统治阶级的历史，无论我们认为它具体起源于代词的复数形式还是某些表尊敬的词语的合音，最早的“您”都不见于上层统治阶级的书面语。恰恰相反，它最早出现在市民阶层的通俗文艺作品像诸宫调、话本、戏曲之中，说明它来自民间口语。在这些作品中，“您”也不限于用来称呼地主豪绅、达官贵人，而是对一切尊敬对象的称呼。我们今天大力提倡在相互交往中使用“您”也是为了表达相互的尊重。

汉语代词尊称形式的使用规律也有不少异于印欧语的地方。具体说来，在使用时应该注意下列四个方面：

1. 根据听话人的语言习惯和社会身份选用 V 式或 T 式。以北京城区为例，建国以来，人口增加了很多。根据调查，现在北京城区的现有居民中，大部分人是近几十年从外地迁入的。真正世代居住北京的“老北京人”所占比例很小。因此，北京城内流行的口语主要是普通话而不是地道的北京方言。虽然普通话以北京语音为标准，但在词汇方面却以北方方言为基础。北方方言的地域很广。从东北、华北、西北，直到西南的云、贵、川，还有湖北、河南，华东长江以北的安徽、江苏部分地区以及山东省，几乎占说汉语地区的四分之三。在这样广阔的地区内，词汇上有不少差别。这就使得普通话的词汇也与北京方言词汇有所不同。差别之一就是“您”的使用频率远比北京方言中低。在普通话中，“您”多使用在权势关系中权势较高的一方，而地道的北京话不仅用它表示尊敬，也用它表示客气。所以社会地位大体相同的人之间，年长者也可能对年纪比他小的人用“您”。这在普通话中是比较少见的。比如在《小井胡同》中的吴七对刘家祥，使用 V 式：“刘大哥，您还没听说呢，这么兵荒马乱的，您真能打哈哈。”可是刘家祥对吴七也使用 V 式：“七爷，头午您猜我奔哪了？咱们拿杂和面窝头当块金砖，人家拿美国洋面当黄土扬着玩儿……”[①]《龙须沟》中的刘巡长对丁四、娘子对丁四嫂、王大妈对丁四嫂使用的 V 式也属同样性质。[②] 这种用法多见于体力劳动者之间。知识分子由于通过书面语更多地接受了普通话的影响，这种性质的 V 式较少使用。造成这一情况的另一个原因是，V 本是晚辈、下属、奴仆用来称呼长辈、上级和主人的。在旧社会，体力劳动者受人轻视，被迫在语言上处处表示谦恭，所以养成了更频繁地使用 V 式的习惯。现在的状态正是过去习惯的残迹。

2. 根据双方关系的不同选择恰当的代词形式。我们在

---

① 李龙云《小井胡同》，《剧本》，1981 年第 5 期。

② 老舍《龙须沟》，见《老舍剧作全集》第 2 卷，中国戏剧出版社，1982 年。

前面已经提到，代词 V 式既可以表尊敬，也可以表郑重，疏远；T 式既可以表屈尊俯就，也可以表随便、亲密。所以在使用的时候就应该仔细考虑具体的交谈中应该突出双方的哪一种关系，比如学生对老师，一般应该使用 V 式。可是，如果双方都是党团员，在组织生活会上发言，则应使用 T 式。平辈同龄人，一般采用 T 式比较合适，但如果对方是第一次相识的生人，用 V 式就显得更客气一些。

3. 根据代词在话语中的作用而选择相应的形式。上面讲过的两条都是在代词指称听话人的条件下而言。有的时候，话语中的第二人称代词并不实指听话人而是泛指“某人”的意思。比如李龙云的话剧《小井胡同》中粮店掌柜、中年男子石增福对中年男性手工业工人刘家祥，一向按老北京人的传统使用 V 式。可是在下面这一段话语中却用了“你”而不是“您”。“刘大哥，刘大哥，这朝里要是出了奸臣哪，你再有能耐的人也施展不开。”[①]这里的“你”并不是指称刘家祥，而是泛指任何一个人，所以不能用尊称形式。另外还有一些常用的词组，其组成部分中包括第二人称代词时，也必须使用 T 式而不是 V 式。比如“你、我、他仨”；“天知地知，你知我知”；“你来我往”；“你有情，我有意”等等词组中的“你”均不能换成“您”。

4. 第二人称代词的 T 式和 V 式在特定的话语中有时可以不按常规使用而表达特殊的含义。对于这些特殊用法，我们也应该掌握，以免在理解和使用时出现错误而失礼。前面

① 李龙云《小井胡同》，《剧本》，1981 年第 5 期。

已经讲过交谈双方的关系可以是从不同的角度、以不同标准为基础形成的。有一些基础是由比较持久的因素形成的:比如父子、母女间由血缘形成的辈分关系,老头与小孩由年龄形成的长幼关系,夫妻之间由婚姻而建立的亲密关系等。有一些基础则可能是由某些短期内或暂时起作用的因素所形成的:比如在一次意外事故中受伤者和搭救人员之间的权势关系,一次旅行中与人偶遇结伴而行的一致关系等。另外,由于"你"和"您"都可以分别按照权势关系或一致关系使用而有不同的含义,所以在按常规应该使用这一形式的情况下偏偏使用那一形式也会增添不同的语气或感情色彩,从而使整个话语附加了不同的意义。这种情况和说话人的主观态度有密切的联系。换句话说,这种反常使用的代词形式往往传达了说话人想要传达的某些特殊信息,它们是代词 TV 两种形式在正常使用中所不具有的。这种特殊的含义大体上可以归纳为下列三种:

a. 如果交谈双方存在由持久因素所形成的权势关系,说话人是权势较高的一方,本应对听话人使用 T 式偏偏换成 V 式,那么,这种代词形式可能表示三种不同的含义:

第一,可能表明权势关系中高低位置的改变。比如邓友梅的小说《那五》中,那五夜间从天桥回城雇三轮车代步。他与三轮车夫形成了雇主与车夫的权势关系。车夫对那五用的是 V 式。后来,这个车夫把那五拉到一个僻静的地方,伙同另一流氓共同抢劫他时,那五与车夫之间形成了新的权势关系,那五处在被抢劫者的权势较低的位置上,他们两人之间所使用的代词形式也有了变化，车夫对那五不再使用 V 式，而那五反过来哀求车夫："您留双鞋叫我走道儿啊！"[①]对他使用了 V 式。

第二，可能表示说话人对听话者刮目相看，产生了特殊的敬意。比如李龙云的话剧《小井胡同》中的小力笨本是解放前粮店石掌柜家的学徒。按照店主与学徒之间的权势关系，石掌柜对小力笨一直使用 T 式。可是，北京一解放，石掌柜就发现小力笨原来是共产党的地下党员，于是对小力笨说："合着你是，合着您是地下党；……在我这学了两年徒，风雨不漏，您这工夫瓷实！"[②]从这几句话中可以看出，石掌柜开始还用的 T 式，随即迅速改为 V 式，表明他正在调整自己的话语，以便适应他对小力笨刮目相看的态度。

第三，故意讽刺、挖苦听话人。比如，老舍的《茶馆》第一幕中，打手二德子走进茶馆时，恰好听到常四爷和松二爷在议论打手们打架的事；他便气势凌人地问常四爷："你这是对谁甩闲话呢？"常四爷也不示弱，反问道："你问我哪！……。"当怕事的松二爷点出二德子当差的身份并想请二德子喝茶以缓和气氛时，二德子越发嚣张起来。常四爷便说："要抖威风，跟洋人干去，洋人厉害！英法联军烧了圆明园，尊家吃着官饷，可没见您去冲锋打仗！"[③]又如《贫嘴张大民的幸福生活》中，大民的小弟从大学毕业回到家中，提出应该安装一部电话，否则不方便时，张大民对他这种不管家庭经济拮据的做法十分

---

① 邓友梅《那五》，《中篇小说选刊》，1982 年第 4 期。

② 李龙云《小井胡同》，《剧本》，1981 年第 5 期。

③ 老舍《茶馆》，《老舍剧作全集》，中国戏剧出版社，1982 年。

不满，便回答道："不是正等着您挣钱交初装费呢么？"[①]上述两例中的"您"丝毫没有尊敬的意味而表达了讽刺、不满。

如果交谈双方存在由持久因素所形成的权势关系，说话人是权势较低的一方，本应对听话人使用 V 式而改用 T 式，可能表达下列特殊含义：

第一，否认旧的权势关系而肯定新的一致关系。比如《小井胡同》中的七十儿与马德清，他们本是主仆之间的权势关系。所以虽然马德清比七十儿大很多，但在剧中马德清刚出场时，他对七十儿用的是 V 式，等到后来七十儿跪地恳求马德清救他一命时，马德清想到七十儿名义上是魏家的养子，其实是魏家想杀了他去骗取人寿保险赔偿金的牺牲品。马德清对这个贫苦孤儿出身的"魏家三少爷"动了恻隐之心，于是改用表示一致关系的 T 式对他讲述了魏家的险恶居心，劝七十儿赶快逃走。马德清从使用 V 式换成 T 式就表明他否定了他和七十儿之间的主仆关系而肯定了双方都是受苦人的一致关系。[②]

第二，蔑视对方，有意奚落。比如《小井胡同》中的小学生大牛子与剧中其他成年人之间是从辈分、年龄上形成的权势关系，所以他对所有的成年人都使用 V 式。但是，当他的父亲陈九龄被囚多年，从监狱放出来，找到院里打听"大牛子的家是不是在这儿"时，大牛子很看不起这个狼狈不堪的陌生人，改用 T 式对他说："别大牛子、大牛子的！你是他什么

---

① 刘恒《贫嘴张大民的幸福生活》，《北京文学》第 10 期，1997 年。

② 李龙云《小井胡同》，《剧本》，1981 年第 5 期。

人？……你是他爸爸？我就是大牛子，大牛子没你这个土鳖爸爸！玩去！”①

b. 如果交谈双方存在由持久因素所形成的一致关系，交谈者本应使用互换的T式，其中一方若改用V式也可能有特殊的含义：

第一，否认双方比较亲密的一致关系而表示疏远和冷淡。比如《贫嘴张大民的幸福生活》中，张大民和弟弟、妹妹之间有持久的一致关系，本该对他们使用T式，但当弟弟、妹妹做了错事或不听他的劝告而受苦时，张大民既不满又难受，话语中就可能出现V式。比如妹妹二民（电视剧中改为大雨）不听大民劝阻，嫁给了山西人李勺子（电视剧中改为山东人），后因不生孩子被丈夫打得鼻青脸肿地回到家中。张大民就对她说：“你看你，不听我的，非要嫁一个山西的猴儿，让猴儿给挠了吧。非要拿存折喂一个山西大叫驴，还要气死我，我还没气死呢，山西大叫驴一尥蹶子，把您给踢背过去了。……”②末句中的“您”就表示了张大民的不满。

第二，有时，具有一致关系的交谈者之间不用T式用V式会给人以虚伪的感觉。《贫嘴张大民的幸福生活》中，张大民的母亲患了老年痴呆症，经常开关冰箱玩儿，张大民找到修理电器的人问能不能给冰箱安一把锁。对方小心翼翼地问：“您有非常贵重的食品需要保存吗？”张大民说：“没有，就是点儿剩菜”。人家就用蔑视的目光看着他又问：“您要把冰箱改

① 李龙云《小井胡同》，《剧本》，1981年第5期。

② 刘恒《贫嘴张大民的幸福生活》，《北京文学》第10期，1997年。

成保险箱？""不是，我是想省电。""省电！您把插销拔下来不就行了么！""拔下来我找你干吗？""谁知道你找我干吗，吃多了！"从这一段由使用"您"改为使用"你"的对话中，可以明显地看出电器修理人对张大民使用的V式，除了第一个之外，都有点故意表尊重的虚伪。[①] 这里的V式就给人一种言不由衷的虚伪的印象。

第三，表示对听话人的讽刺。《贫嘴张大民的幸福生活》中，张大民很看不惯自称适合"走仕途"的小弟弟。当已经痴呆的母亲为了给喜欢吃烧茄子的小儿子出去买茄子而走失之后，张大民埋怨弟弟，同时又讽刺他道："您还仕途呢您，快找个小饭铺跑堂儿去吧……"[②]隐含着"在小饭铺里，可以把烧茄子吃个够"的意思。张大民在这里使用的"您"和前面谈到的石掌柜对小力笨使用的"您"正好成为相反的两个例子。前者表示讽刺、挖苦，后者表示刮目相看的尊敬。

c. 如果交谈双方并不存在由持久因素形成的任何关系，北京人的语言习惯是对地位相等、年龄相仿的人使用V式，这种V式不是表尊敬而是表客气。如果改用T式则可以表亲切，也可以表生气。比如老舍的小说《离婚》中，丁二爷本来对李先生使用V式，后来李先生请他喝酒，耐心地倾听他述说自己的身世，发牢骚，丁二爷感到李先生能体谅、尊重自己，于是对他改用T式。[③] 又比如苏叔阳的小说《故土》中，白天明与叶倩如初次相遇时，互相使用V式，后来叶倩如对白天

---

① 刘恒《贫嘴张大民的幸福生活》，《北京文学》第10期，1997年。

② 同上。

③ 老舍《离婚》，《老舍文集》，第2卷，人民文学出版社，1981年。

明有好感，多次主动去接近他，就换成了T式。[1] 还有老舍的话剧《茶馆》中，旗人常四爷与人谈话，开口不离"您"，但是当二德子蛮横地对他口出不逊之辞后，他也生气了，反问二德子："你问我哪？"[2]单这一个"你"字就表明了常四爷的愤怒。

北京话的第二人称代词尊称形式不但被普通话所吸收，而且在书面语中产生了一个新的复数尊称形式"您们"。北京口语中对两个或两个以上的听话人说话时，一般使用"您二位"、"您×位"而不说"您们"。虽然近年来有的文学作品对话中出现了"您们"的形式，但在日常口语中却几乎没有听到过。"您们"主要出现在书信、便条、请示报告中，而且也不一定指称两个以上的在场的听话人。比如上面提到过的例子中，梁晨对李光说："请您谈谈您们推广朝农经验的情况……朝农经验在您们医院该怎么推广？……"[3]

在年纪较大的北京人的口语中，第三人称代词也有尊称形式——怹[t'an]。据我们不完全的调查，使用这个代词形式的人认为"怹"虽然也是尊称，但与"您"的用法不同。使用"您"在主观上只取决于说话人对听话人的态度，客观上只受交谈双方关系的制约。而使用"怹"时，还必须考虑指称对象也是听话人所尊敬的，或是权势比听话人高。使用"怹"的典型例子是子女对父母谈话中提到祖父母，就不用"他"而用"怹"。如果孙子和爷爷在交谈中提到自己的父母，就不能用"怹"。"怹"的使用频率比"您"低得多，它的含义也比较单纯。

---

① 苏叔阳《故土》，人民文学出版社，1984年。

② 老舍：《茶馆》，《老舍剧作全集》，中国戏剧出版社，1982年

③ 苏叔阳《丹心谱》，中国电影出版社，1979年。

一般说来，“您”只表尊敬，没有郑重、客气、疏远等引申意义。现在的北京青年，已经很少有人再用这一尊称形式了。

三、谦称

汉语普通话的人称代词谦称主要是用第一人称复数代替单数。用“我们”代替“我”在书面语中用得尤其普遍。这大约是因为在口语中，还有语气、面部表情、身体姿势等手段表达说话人的谦恭，在书面语中就只好借助特殊的语言形式来表达了。为什么使用“我们”比用“我”要显得谦恭一些呢？这是因为使用“我们”不那么突出说话人的意愿和作用。如果一个人说话开口“我认为”，闭口“我觉得”，一般都会给人以倨傲、主观的印象。产生这种印象的原因之一（说话时的语气、表情等等也都是重要的因素）就是他的话语中突出了他自己。如果把其中的“我”换成“我们”，就会冲淡听话人的这种印象。

禁忌语和婉言法

任何一个语言社会都会有一些在语言系统中实际存在的词语不允许人们在日常交际中加以使用。这一部分被禁止使用的词语就叫做禁忌语。人们在日常交际中如果使用了这些禁忌语,不仅会被认为没有礼貌,有的社会中甚至是犯法的行为。为了替代这些被禁忌的词语,出现了另外一些暗示它们的委婉词语。在使用的过程中,这种委婉词语和另外一些具有积极修辞作用的词语、句型等等一起构成了礼貌语言中一个很重要的组成部分——婉言法。

一、禁忌语

禁忌语大部分产生于科学技术不够发达的社会中,但当它的使用相沿成习以后,其迷信色彩就会逐渐被人们所忽略,而被当成自然的语言风俗来遵守。从人类社会发展的历史来看,当生产水平极低,人们不但无法抗拒,而且也不能解释某些天灾人祸或奇特自然现象的成因时,他们往往会从对“人”的自我认识出发,认为这些现象都是某种“超人”的力量作用的结果,于是在人类的精神世界中出现了神与鬼。这种原始的宗教信仰使得某些令人特别畏惧或特别喜爱的事物、现象与它们的名称之间建立起一种神秘的联系。人们认为,说出这些事物、现象的名称就可能引来自己害怕的结果,或是吓跑了自己本想得到的幸福。因而产生了各种禁忌词语。人类学家发现，直到现在，还有某些民族或部落存在着“塔布”（taboo或tabu）现象。“塔布”这个词本是人类学中的术语，最早用来指称南太平洋汤加群岛上的一种语言现象。因为当地居民把某些只允许特定地位的人使用或说出的事物叫做“塔布”。后来它就成了禁忌语的同义词。“塔布”的具体内容随不同民族乃至地区、职业而异。比如智利沿海各岛上的有些居民认为不能让外人知道自己的名字，掌握了一个人的名字也就掌握了对这个人的控制权。在非洲的某些部落中，妇女不许说与公公或公公的弟兄的姓名同音的词语。如果说了这些词，她就会被认为犯了不可饶恕的罪过而被处死。汉族是具有悠久历史的民族，早在几千年前就脱离了愚昧的原始状态。但在我国的许多地区，仍然保留了不少相沿下来的禁忌词语。比如东北人忌讳说狼，而把它叫做“张三”。各省行船、打渔的人禁忌说与“翻”、“沉”等同音的词，连姓陈也得改说姓“耳东”，船帆改叫“篷”。江浙一带商人认为“关门”这个词不吉利，因此店铺晚上关门停止营业叫做“打烊”。广东一带忌讳说“乾、赊、折”这些不祥的词，因此把猪肝叫做“猪晌”，把猪舌叫做“猪脷”。湖南邵阳方言中“重”与“穷”同音，所以由于忌讳说“穷”而把枞树叫做“富树”，把重阳节叫做“富阳节”。四川万县地区把酱油叫做“豆油”（当地食用油主要是菜籽油，不吃黄豆榨的豆油，而以黄豆作酱，制酱油）。因为酱油与“犟牛”音近。在有的地方，把醋叫做“忌讳”，避免说“吃醋”让人误解为嫉妒。禁忌语也会因行业不同而有区别。比如我国著名的评剧演员新凤霞在她的自传中就谈到旧社会的戏班子忌讳说“散”，因此遇到要说这个词时，必须用“拆”或“碎”去替代。有趣的是在四川的某些土话中也把伞叫做“撑花儿”，广东方言则把伞叫做“遮”，很可能都是因为要避开“散”这个不吉利的词。上述禁忌都是害怕说出了某些词语会给人们带来灾祸与不快。另有一类禁忌词语是对某些人、事物特别崇拜，认为直说他或它的名称是大不敬的行为，因此也必须用别的词语去代替。比如，在我国历史上，封建帝王和孔子的名字全国人都不许说、不许写，这个叫国讳或公讳。如果在谈话或书写中遇上这个字时，就要改换成另一个同义词。比如汉文帝名恒，汉代的人就把恒山改称常山，连神话传说中的姮娥也被人改名为嫦娥。西汉吕后名雉，于是山野中的飞禽——雉从此改称野鸡。隋文帝杨坚的父亲名忠，为了避讳这个忠字，颜之推在他的《家训》中把凡是含有忠字的篇目一律改“忠”为“诚”。曹宪所著《音释》为了避隋炀帝杨广的名字，把前人的《广雅》改称《博雅》。隋唐时代，江苏郡有一个地名叫做义兴，到了宋代，为了避讳宋太宗赵匡义的名字，改义兴为宜兴，一直沿用到现在。这种避讳之风发展到后来，士大夫及其知识分子不许说和写自己父母的名字，叫做私讳。有的时候，实在找不到恰当的同义词来代替避讳的词时，便只好不说这个词的音，书写时把这个字少写一笔，叫做“敬缺一笔”以示尊崇。比如把“孔丘”写成“孔斤”，又比如苏轼祖父名序，东坡先生为人写“序”时一律改写为“叙”。《红楼梦》第二回中贾雨村与冷子兴闲谈，冷告诉贾，他的东家林公的夫人，在家时名叫贾敏，贾雨村拍手笑道：“是极！我这女学生名叫黛玉，他读书凡‘敏’字他皆念作‘密’字，写字遇到‘敏’字亦减一二笔……”。

由此可见,避讳之风在清代也还很盛行。上述两类禁忌语在现代社会中已经随着科学技术的发展,封建迷信的破除而逐渐消失。只在某些偏僻的农村地区还有一些遗留。但是另有一类禁忌语是人类社会各个发展阶段上普遍存在的,那就是人体的某些部分、器官以及某些生理现象或功能的名称。在英语社会中,有所谓"四个字母的词",它们都是有关人类性器官、性行为的。语言的词汇系统中虽然包括这些词,但却不允许人们直接说出它们。汉语中也有类似现象。这些不登大雅之堂的词,很少见于口语(粗鄙的咒骂词语是个例外),除了医学书籍之外,也很少在书面语中出现。

大部分禁忌语都是和特定民族社会的发展阶段密切相关的。甲民族视为禁忌的,乙民族不一定忌讳它。有的时候,在同一个民族中,不同地区,不同社会集团也可能有自己特殊的禁忌语。所以,我们若是到了异乡、异邦,在入乡问俗的时候,也应该了解当地居民有哪些禁忌语。这样,我们才不会在交际过程中失礼,甚至造成更严重的后果。

禁忌语中虽然有很大一部分来源于封建迷信,但是禁忌说出某些词语却成为语言词汇系统演变发展的原因之一。在我们上面举出的例子中,有一些替代禁忌语的词语已经进入我们的常用词系统而失去了它们原来的神秘色彩。比如"挂花"、"挂彩"本是我国旧社会中绿林好汉们避讳直接谈论受伤而替代它的词,现在已经成为人们熟知、常用的词了。这就等于给汉语词汇系统中的"受伤"增添了两个同义成分,使人们在写作时修辞选择的范围扩大了。

二、婉言法

婉言法指的是采取某些特殊的语言表达方式来减少话语对听话人的刺激；或是委婉地指称某些事物；表达说话人对某人、某事的评价与态度；或是客气地向听话人提出某个要求。不同的语言社会，婉言法所利用的手段是不尽相同的，但从总的来看，使用得最多的有三类：一是利用同义词语或近义词语的替代，以及某些词语的特殊组合；二是利用不同的句式替换；三是利用语调和某些非语言成分。

1.用同义词或近义词的替代构成婉言法。显而易见，用这种手段构成的婉言法的内容，首先就是委婉语。委婉语的产生和语言中的禁忌现象有密切的联系。当人们遇到必须提及被社会禁止说出的某种事物或现象时，只能是寻找另外一些词语或说法去替代或暗示它们。这些用来替代或暗示禁忌词语的成分就叫作委婉语。前面讨论禁忌语的时候，我们实际上已顺带地举出了不少委婉语的例子。比如，世界上大多数的语言社会中，对于人的排泄器官和行为是不好直接说出来的，因而在各种语言中都产生了一批带有普遍性的委婉语。比如，在汉语中把“厕所”叫做“一号”，在英语中则叫做“盥洗室”；汉语中把大、小便叫做“方便”、“上一号”，英语中则说成“洗洗手”。其实“大便”、“小便”本身已经是“拉屎”、“撒尿”的委婉语，可是这种委婉语用得久了，就感到它的意义还是太明显，于是又换成“上一号”。还有不少民族忌讳直接说到死亡这个词，特别是当死亡与听话人有关时，更是要用其他委婉的说法去代替它。所以在汉语中对老年人的死亡可以说成“老了"、"归天"、"百年之后",对年轻人的死亡则说成"不在了"、"去世"等等。

随着社会的发展,禁忌语的数量逐渐减少,但是用委婉语为内容的婉言法却并没有消失,它甚至成为一种积极的修辞手段,是人们日常生活中不可缺少的。这类委婉语和禁忌语没有什么直接的联系,也不一定只是同义词或近义词的替代所构成,它是由许多词语组合起来的委婉说法。从它的功用上看,可以分为三类:

a. 缓减对听话人的刺激,把自己的不满、厌烦等情绪表达得含蓄一些。比如,本来是反对某种言行,说成是"对此感到遗憾",实际上讨厌某人或某事,却说成"不感兴趣"。现在北京青年人的口语中还流行"不感冒"的说法,它虽然是不合汉语规范的戏谑说法,但已被不少青年用做"不满"的委婉说法。

b. 规避明确的表态而故意含糊其辞,为进一步仔细考虑对策留下回旋的余地。比如想拒绝别人的要求时,不直接了当地说"不行"或"没有"、"不愿意",而是委婉地说:"我再想想看","我们再研究研究"。当对方请你吃某种你不喜欢的食品时,不好拂却主人的盛情,只好说"我不太习惯它的味道"。当被问及是否喜欢某部作品、某次演出时,即使不喜欢它们也不正面表示出来,而委婉地说"这方面我是外行"或是挑出该作品、该演出的某一细节说"我看这一部分还不错"。这种表达方式随具体话题、交际场合、双方关系等等也会有多种变化,并无固定的格式。这种婉言法一度被人们指斥为虚伪而主张废弃不用。其实在任何一种语言中都大量地存在这类现象,而且该语言社会的每一个成员也都在不同的程度上掌握它们所暗示的意义和使用它们的规律。这就是所谓"锣鼓听声、说话听音"的语言技巧。只是有些人在这方面技巧高一些,有些人低一些。我们认为,对原则问题的是非固然应该旗帜鲜明,而对非原则的日常小事,未始不可照顾听话人的情绪而把话说得委婉一点。更何况,即使对原则问题的表态,有时也应该留有余地。因为我们不能保证对每一个人,每一件事都能一次认识清楚。特别是在外交场合,更应该十分谨慎。所以这种婉言法在涉外工作中用得很多。比如说某事是"可取的",它虽带有赞成的倾向,但又不等于明确的赞同。如果说"可以理解",则更可为日后有可能不表赞同埋下了伏笔;至于目前,仅仅是"理解"而已。如果说"表示欣赏",则暗含了赞许的意思,但还不等于支持。因为"欣赏"这个词本身就含有站在一边旁观的意味。只有"支持"才表明可能在言行上采取某些行动。

c. 为了避免在群众中引起强烈的反应,或是为了政治斗争的特殊需要,在言语上故意不作明确的描述,而以笼统、委婉的语词来暗示某种气氛、倾向。比如报导两国代表"在亲切友好的气氛中进行了交谈",表明双方观点基本一致,关系良好;说他们"诚挚地交换了意见"是表明双方存在分歧;说对某事"十分关注",则表明发言人可能对某事持反对态度。有的国家在和我国建交的公告中说"注意到中国政府关于台湾问题的立场",这就表明他们基本上同意台湾是中国不可分割的一部分。在国际斗争中,如何恰当地选择词语委婉地表达我们的立场和看法,简直是一种斗争艺术。不仅需要有丰富的政治斗争经验，也需要在语言的掌握和运用方面有高超的技巧。

上述婉言法主要是利用词汇手段委婉地表达说话人的意图。还有某些语言利用特殊的词汇手段构成特殊的语体，用来表达对听话人的敬意。比如我国的藏语中，许多名词、动词、形容词和代词都有一般词与敬语词两套系统。晚辈、下属对长辈、上级说话时，有关听话人的词要换成敬语词去说。比如下面这张表[①]：

词义	一般词形式	敬语词形式
手	[lak ˦ pa ˥˧]	[tɕhaʔ ˥˧]
帽子	[ɕa ˦ mo ˦]	[u ˥˧ ɕa ˦]
你	[chøʔ ˥˧ raŋ ˦]	[cheʔ ˥˧ raŋ ˦]
他	[kho ˥˧]	[khoŋ ˥]
坐	[tɛʔ ˦]	[ɕuʔ ˦]
栽种	[tsuʔ ˥˧]	[tsuʔ ˥˧ naŋ ˥]
认识	[ŋo ˦ ɕẽ ˥˧]	[ŋo ˦ chẽ ˥˧]
快	[coʔ ˦ ko ˥˧]	[tsø ˥ po ˥˧]
和睦	[thỹ˥ po ˥˧]	[thuʔ ˥˧ thỹ˥ po ˥˧]

在实现民主改革以前的封建农奴制社会中，藏语中的敬语词非常繁复，而且按不同的社会等级，使用不同的敬语词。随着三大领主阶级的消失，大部分敬语词已不再使用。上面举的

① 这里引用的敬语词的例子全都来自金鹏主编的《藏语简志》，民族出版社，1983年。

例子只是在群众中沿用成习的敬语词的一部分。它不但表达了说话人对听话人的尊敬,而且带有文雅、庄重的风格色彩。

2.利用不同的句式构成婉言法。大多数语言中都有陈述、疑问、祈使、感叹四种句式,表达相应的四种语气。和礼貌语言中的婉言法关系最密切的是疑问和祈使这两种语气。不同的语言中,表达这两种语气的主要手段也会有所不同。比如在英语中,祈使语气往往通过祈使句来表达,祈使句往往省去了指称祈使对象的代词宾语,语调一般是下降型。疑问语气则往往通过疑问句来表达,疑问句基本上由主要动词前添加助动词构成,语调为上升型。当我们要用英语向人提出一项请求时,既可以使用祈使句,也可以使用疑问句,它们所表达的不同语气说明了对听话人尊重的不同程度。比如,我们想请听话人把门关上,这一请求可以由下列五种句子之一来表达:

Close the door(把门关上!) …………………………… (1)

Please close the door(请关上门!) …………………… (2)

Will you close the door(把门关上好吗?) ………… (3)

Will you please close the door?(你愿意把门关上吗?)…………………………………………… (4)

Won't you close the door?(你不想把门关上吗?)……………………………………………… (5)

(1)是一个祈使句,它所表达的是命令的语气,一般是长辈对晚辈、下级对下属或同辈人愤怒、焦急等情况下才使用的最不客气的句式。(2)也是一个祈使句,由于在动词前添加了意为"请"的助动词而比(1)略为客气一点,这是通常情况下长对幼、上对下，或比较亲密的同辈人之间所采用的句式，它表达了请求的语气。(3)、(4)、(5)都是疑问句，它们以不肯定的语气征询对方的意见："是否能把门关上"，因而比祈使句客气。(4)由于比(3)多了一个please，就显得更为委婉。其中的(5)是最客气的一种句式，因为它并不直接提出"关门"的要求，而是从反面提出"不愿把门关上吗？"的疑问。这样，就把是否关门的权利完全给予了听话人从而使他有最大的选择余地。上述几种句式所表达的不同语气也可以对译成汉语并表达同样的意思。此外，在英语和汉语中，同样都可以在陈述句式中区分出直言与婉言两类。所谓直言的陈述句就是一般的陈述句。而婉言的陈述句则是在句中添加"大概、也许、或者、恐怕"这一类表达犹豫、不肯定的意思的词。比如在汉语中"你要晚了"是一个直言的陈述句，而"你大概要晚了"则是一个婉言的陈述句。它们和表达同样意思的英语对译句"You will be late"和"You will be late I'm afraid"一样，后一种句式由于有意为"恐怕"的词而使语气更为委婉，它表明了对听话人可能有的不同看法的尊重。有时，可以利用双重否定句式来减轻肯定的程度甚至表示否定。比如甲问乙："我去行不行？"乙可以用肯定句说："行"，或用否定句说："不行"。但是，如果想缓和肯定或否定的语气，则可以说："你去也未尝不可考虑"，这是倾向于肯定的回答。也可以说："你去也不是不行"，这个回答实质上倾向于否定，只是说的语气比较委婉。我们也可以在请求别人干某件事时在句中添加"是不是"、"能不能"、"可不可以"一类表疑问的词组，从而使我们提出的请求比较委婉，表现了我们尊重对方、不想强加于人。比如"请你站远点”就不如“你是不是可以站远一点”委婉。“你能不能把车借给我用一下”当然比“请你把车借给我用一下”更为有礼貌。

有的语言用不同的词形变化来表达不同的语气。词形变化虽然不是句式的问题，但也是一种语法手段，所以放在这里一起介绍。比如朝鲜语，由于交际双方关系不同，或是说话人对听话人的态度不同，可以在动词后面添加不同的后缀，分别表达不同的语气。

表亲昵时用后缀	-na
表随便时用后缀	-e
表一般陈述时用后缀	-ta
表客气时用后缀	-e yo
表尊敬、郑重时用后缀	-supnita
表命令、权威时用后缀	-so

爪哇语中不同语气之间的差别用不同的代词、动词后缀、乃至不同的名词来表示。表达每一种语气的语言成分自成系统，并有单独的名称。不同语气系统中的成分不能混在一起使用。

3. 利用语调和其他非语言成分构成婉言法。严格地说，单是语调和其他非语言成分是不能构成婉言法的。因为它们通常都要附着在词语成分上才能表达语气。我们之所以要单列一项来讨论它们，原因在于它们虽然一般不单独存在，但所表达的意义却可以和它们所附着的词语成分不同乃至相反。而且，任何一个言语片段都会有一定的语调，我们既不能把它们归入词语成分，也不好算是句式。语调是一个非常复杂的

“化合物”，它不但以音高为主要组成部分，而且“融”合了音强、音长等语音要素在内。有时，甚至还包括了不同的音质。虽然，语言学界至今还未能对语调的各成分做出精确的分析，列出人类可能有的各种不同语调的模式，但是几乎每个人都能凭自己的语感判断出他所听到的话语除了字面含义之外，语调所表达的内容。另外，说话对嗓音的高亢或低沉，清亮还是喑哑，粗重还是轻柔都会对话语内容产生不同的影响。举例来说，在汉族社会中，谈论比较慎重、严肃的话题时，晚辈、下属对长辈、上级说话时，往往吐字清晰（这是音质的问题），速度中偏慢（这是音长的问题），语音低而不重（这是音高和音强的问题）。反过来，字音含混、说话拖长腔往往表明说话人比较随便的态度。用这种语调说话，如果加上整个话语的基调高而平就给人以“打官腔”的印象；如果话语整个基调较低往往反映说话人疲倦或心不在焉；如果话语基调前低后高，则反映了一种无可奈何的情绪。亲友之间闲谈，说话速度一般较快，话语中间还可能夹杂了一些并非必要的感叹、啧啧声、笑声等等；当众发表演说，话语速度自然减慢，而且没有上面那些非语言成分；喜庆场合的话语，语调往往清亮高亢；而悲哀场合的话语，语调就比较缓慢低沉。老年人往往听觉不好，对他们讲话声音自然大一点，对妇女、儿童讲话则比较轻柔。上面这些规律是每一个说汉语的人在掌握语言的过程中很自然地顺带学会的。由于语调由多种因素“化合”而成，人们对语调的有意识控制比对语词成分的控制还要困难。所以语调往往能自然流露说话人本不想公开表露出来的看法和感情。比如一个餐厅的服务员向顾客说“欢迎”时用了一种懒洋洋的长腔式语调，顾客准会认为这位服务员是在言不由衷地执行例行公事。如果向人赔礼道歉时把“对不起！”说得又重又快，听话人也会觉得说话人并不认为自己有什么不对，只是迫于某种原因才不得不道歉。因此，构成婉言法时，不仅要注意词语、句式的变化，也要注意语调的构成。

礼貌词语

在本书的开头，我们已经谈到过从狭义的理解出发，礼貌语言指的是特定语言社会中长期的风俗习惯所凝炼成的一些现成的、专为表达礼节用的语言成分，这就是通常所说的礼貌词语。即使对礼貌语言作广义的理解，礼貌词语也仍然是其中很重要的一个组成部分。礼貌词语既然是一些现成的语言成分，格式就比较固定，使用起来规律性也较强。长期以来，它被人类学、民俗学当做文化和民俗的重要内容之一加以研究。语言学反到把它排除于研究领域之外，只有社会语言学才认为它也是语言学的研究对象。由于社会语言学的兴起不过几十年的历史，在这方面的研究成果也还不那么明显，我们只能以汉语的情况为主简单地作一点介绍。

一、招呼词语

招呼词语是说话人肯定自己与被招呼者之间关系的一种标志。因此，如果见了熟人不招呼，等于告诉对方不愿再和他交往。如何与不同的人打招呼，在不同的语言社会中可能有不同的习惯，招呼的内容也往往不仅仅由语词成分构成，有时还可能伴随语词成分做出各种身体姿势、面部表情。我们先来分析招呼语中由语词成分构成的内容。它们往往随该社会的生产水平、生活方式而不同。总的说来，首先可以分为两大类：

1. 交谈型招呼词语　这些词语通常由包含具体信息的问答组成。从表面上看，它和一次短暂的交谈没有什么不同，所以叫做交谈型招呼词语。但是这里的"交谈"并不是真的要获取某种信息，而只是表达说话人的友好和关心。因此，对这种招呼中的提问，既可以就事论事地给予回答，也可以根本不作回答而向对方也提出一个问题。比如，甲乙二人在路上相遇，甲说："吃了吗？"乙可以说："偏过了，您呐？"也可以不回答甲的询问而直接问甲"您吃了吗？"从而结束彼此的招呼。当然，也可以向甲回答："我也吃过了"作为结束。由此可见，交谈型招呼与一般交谈还是不同的。因为一般交谈中不回答对方是失礼的。交谈型招呼语多出现在经济不太发达的社会中。因为小规模的生产方式限制了人们交往的范围，居民往往结成许多内部关系密切的小社群。社群之内交往频繁，而不同社群之间接触很少。招呼词语多用在互相熟悉的亲友之间，其具体内容富有民族、地方乃至行业特点。比如，某些以游牧为生的民族中，招呼词语中往往包括询问对方的牲畜是否平安健壮。俞敏先生则曾经为我们提供了一对老北京人使用招呼词语的例子。他说在北京的猪市大街上，一对朋友见面后，甲扶着自行车问乙："我大妈（指乙的母亲）好？"同时屈一下双腿，向对方请安；乙马上也回报甲一串"双腿安"，[①]接着说"我大嫂子（指甲的妻子）好？"[②]这种招呼词语反映了中

① 双腿屈一下膝，叫做双腿安，是老北京人，特别是旗人过去经常使用的一种见面礼。

② 俞敏《我要说的四个意思》，《礼貌和礼貌语言》，北京出版社，1982年。

国传统中重视亲属关系的特点。旧中国的知识分子别后相见时,往往以“久违! 久违!”作为招呼语,而劳动人民则更多地以生活起居作为招呼词语的内容,农民互道“吃了吗?”工人可能说“上班去?”等等。交谈型招呼词语既无固定的内容,也没有固定的格式。尽管有些人认为汉族人喜欢用“吃了吗?”作为招呼语,其实“上哪儿去?”“工作忙吧?”“身体好吗?”“下班啦?”等等都是经常可以听到的招呼词语。可以说,其内容是五花八门,千变万化,主要随交际双方的社会身份、职业,以及交际场合而有不同。

2. 问候型招呼词语　和交谈型招呼词语相比,其特点是格式较固定,通用性强,内容简单,只表达问候而不包含任何具体的信息。这类招呼词语多出现在经济发达、不同社群交往频繁,而人际关系较为松散的开放型社会中。现代西方大多数资本主义社会中流行的都是这一类招呼词语。比如在说英语的西方社会中,“good morning”(早安或日安,依此类推还有午安、晚安等)就是简单而格式固定的一种招呼语。这种招呼语由于通用性强,就不如交谈型招呼语那样使人感到亲切、随便。

不同的招呼词语往往反映了使用该招呼语的社会的特点。对比一下日语和英语的招呼词语是非常有趣的。在日本,如果通过介绍与一个陌生人相识时,双方除了相互深深地鞠躬、握手问好之外,往往还会加上一句:“初次见面,请多多关照”之类的话。而在说英语的社会中,同样情况下,人们或只说“How do you do”(你好),或是再加上“Very glad to meet you”(很高兴认识你)虽然从字面上看,英语中的“你好”

直译出来应该是“你怎么做”，好像与汉语中的“上哪去”、“吃了吗”一样具有实际的内容，但是它和交谈型招呼语的根本区别是不可能从字面意思上对它作出回答，而汉语中的上述招呼语是可以用“进城去”、“还没啦”作为回答的。所以英语的“How do you do”与“早安”、“午安”等一样属于问候型而不是交谈型。再比较日语的“初次见面，请多多关照”和英语的“很高兴认识你”则可以明显地看出日语中还残留了封建社会中依靠亲友互相提携的风俗的痕迹。而在资本主义发展较早的英、美社会中，个人竞争激烈，人际关系松散，很少用这类话作招呼语。汉族和日本一样，有较长期的封建文化传统，所以在招呼语中也有和日语类似的成分，如“今后您多费心啦！”、“请您关照”等等。

我国近几十年来，随着经济的加速发展，社会日趋开放，人际关系扩大并复杂化，不同社群之间的交往日益增多；交谈型招呼语的使用频率有下降的趋势，而问候型招呼语的使用范围逐渐扩大。特别是在城市中，已经有不少人见面时只简单地互道“你好！”来代替过去经常使用的交谈型招呼词语。这种变化大约和生活节奏的加快有密切的关系。因为只有在悠悠闲闲地步行时，遇上亲友才可能停下来用交谈型招呼词语寒暄一阵。若是骑着自行车，互道一声“你好”即可擦肩而过。如果还要使用过去通行的招呼语，大半要停车下来说话，至少也得放慢车速等待和对方结束招呼过程以后再走。如果是年轻人风驰电掣般地骑着摩托车，更没有时间来进行这样费时间的招呼。从交谈型招呼语转向问候型招呼语虽然失去了原来招呼语所具有的亲切和随便的温暖感，但由于它简单、格式固定、容易学习，是社会发展中人际关系复杂化、生活节奏加快的必然产物，看来是礼貌语言发展的一种必然趋势。我们只要看一下英美等社会进一步用“Hallo”(哈啰)甚至“Hi”(嗨)去代替原来已经比较简单的问候型招呼语就可以明白这个道理了。从汉族现时的社会实际情况来看，熟人相遇，时间若比较充裕，需要交谈时仍可使用传统的交谈型招呼语。若是匆匆而过，不妨只道一声“你好”。由于使用招呼词语时往往还伴随着点头、微笑等动作和面部表情。一般人是不会误认为说话人是在赌气地说“我不好，你好！”的省略式[①]的。其实，即使通行问候型招呼语的英、美社会中，如果两个很要好的朋友多日不见相遇时，也不会仅仅满足于简短的问候而有可能问及彼此的亲属等等。有的语言学家认为，人们见面时招呼词语的长短与交谈双方关系的密切程度以及分别时间的久暂成正比。笔者根据汉族人的风俗习惯曾经在江西省高安县对64名初中以上文化程度的干部、教师、职员(其中男49，女15)作过一次问卷调查。调查时把招呼语分为四种类型：(1)交谈型招呼语，(2)问候型招呼语，(3)只称呼对方一声(比如“王老师”或“张大夫”)，(4)只点头、微笑，不说任何话；把招呼对象分为三类：(1)上一辈老年亲友，(2)平辈熟人(如同学、同事、街坊邻居等)，(3)相识不久的人。调查结果表明：从总体上看，交谈型招呼语仍是使用最多的，共62人次，占总人数32%左右。其次是只点头微笑(我们称之为伴随型招呼语，详细内容下面还会谈到)，共50人次，占总人数

① 指把“我不好，你好”省略为“你好！”。

26%。问候型招呼语47人次，占总人数24%。只称呼招呼对象30人次，占18%。如果按不同的招呼对象分类统计，交谈型招呼语主要使用于对平辈熟人，占招呼者总人数的56%。对初相识的生人倾向于使用伴随性招呼语，占55%，问候型招呼语也比较多地用在初识者身上，占37.5%。而只称呼对方、不说话的情况多发生在招呼对象是上一辈老年亲友时，占36%。形成下面这样一种比例关系

对上一辈老年亲友使用的招呼语是：

交谈型(26次)＞只称呼(23次)＞问候型(8次)＞伴随语(7次)

对平辈熟人使用的招呼语是：

交谈型(36次)＞问候型(15次)＞伴随语(9次)＞只称呼(3次)

对初相识者的招呼语是：

伴随语(35次)＞问候型(24次)＞只称呼(4次)

在最后一类招呼对象中，没有一个人使用交谈型招呼词语，这一点充分证明了交谈型招呼语含有亲切、随便的意味，不宜用来招呼不熟悉的人。有意思的是我们在这样一个小规模的任意抽样调查中也发现了性别差异。把男子所用招呼语与妇女所用招呼语分开统计的结果是：

	男(49人)	女(15人)
交谈型	53次	9次
问候型	40次	7次
称呼	21次	9次
伴随	32次	19次

合计　　　　　146 次　　　　　44 次

男性使用交谈型招呼语明显地多于女性。特别明显地表现在对上一辈老年亲友打招呼时,男性使用交谈型招呼语的有 24 人,占男子总数的 48%强,而女性使用交谈型招呼语的只有 2 人,仅占妇女总数的 13%。对这一类招呼对象,女性使用得最多的招呼语是只称呼,共 6 人,占妇女总数的 40%,其次是伴随型招呼语,有 5 人,占 33%。但在对平辈熟人打招呼时,男、女都以交谈型招呼语为主,各占总人数的 59%和 47%。这再一次说明对老年的上一辈亲友要比较恭敬,因此含有亲切、随便意味的交谈型招呼语使用频率下降。女性之所以比男性用得还要少,则是由于我国社会长期以来对妇女的要求是温婉恭谨,所以她们对长辈就不敢像对平辈那样亲切、随便,更多的是使用虽不亲切,但显得庄重,恭敬的只称呼长辈一声。与此相联系,从总体上看,女性使用伴随型招呼语的人数比例也比男性高,分别是 43%和 22%。这同样表明汉族社会历来要求妇女端庄寡言笑。所以她们倾向于只用点头微笑来与人打招呼。

上述材料的提供者是江西高安县委党校大专班(干部)、中专班(干部)和电大班学员以及高安师范学校的教员。他们对招呼语的使用情况虽不能代表整个汉民族,但在中小城镇的居民中却有一定的代表性。

1987 年笔者又在北京城区进行了一次同课题的抽样调查,发现无论是属于中小城镇的高安,还是属于大城市的北京,问候型招呼语的使用频率都是男性大于女性;青年大于中老年;文化水平高的大于文化水平低的。而且从总体上看,北京大于高安。说明了大城市接受外来影响比中小城镇大。另一个值得注意的现象是，虽然北京人使用问候型招呼语的比例比高安高，但是北京人使用得最多的还是称谓型招呼语(即用称呼对方作为招呼语)，而高安人使用得最多的是交谈型招呼语。对比两地不同性别、年龄、文化水平的人对不同类型招呼语的使用频率后，笔者得出的初步结论是：随着我国开放程度的加大，全国人民文化水平的提高以及青老年人的世代更替；问候型招呼语将以其简单、亲切、适应快节奏的社会生活而逐渐取代传统的交谈型招呼语。但我国终究有悠久的，重视不同类别的人际关系的传统，这种取代，很可能要从交谈型招呼语向称谓型招呼语发展，逐渐过渡到以问候型招呼语为主。

上面已经谈到，交谈型招呼语和问候型招呼语是以词语成分为主要内容的两大类招呼用语，此外，称呼招呼对象一声、不说别的话也算是一种打招呼的方式。如何称呼听话人在称谓词的使用中已经讨论过了，这里不再重复。需要注意的只是当我们把称呼用做招呼语时，称呼的对象一般是比较熟悉的人。对关系不够密切的初识者，不宜使用这种类型的招呼语。至于伴随型招呼语，我们将在后面谈到整个伴随语言系统时再加讨论。

二、一次交谈中的起首语和结束语

上面讨论的招呼语其实也是起首语的一种，因为两人相遇打过招呼后有可能继续交谈下去，在这种情况下，招呼语也就是一次交谈的起首语。但招呼语又与起首语不同。因为两人打过招呼以后有可能随即分开，而两人之间的交谈有时并不一定以招呼语作为开头。所以这里的起首语专指说话人不只向听话人表示友好，而是表明要开始一次交谈所使用的词语。起首语与结束语都可以从它们借以传递的渠道分为口头的与书面的两种[①]：

1. 口头的起首语与结束语。这类起首语还可分为两种。一种是专为取得发言权而说的词语。这类词语多半出现在比较正式的交际场合。比如在会议上，与会者发言前应该按照会议程序在可以发言的时候，向会议主持人问“我可以发言吗?”对方给予肯定的回答后才可以正式发言。如果是在会议程序上已经安排好了自己发言，发言之前则应把称呼自己的听众作为起首语。在称呼听众的时候，应该把来宾、年高望重的人、妇女放在前面。如果是参加半正式的座谈会、讨论会等，也应在发言前先提出“我可以说几句吗”之类的请求，当其他与会者听到这个请求，安静下来注视提问人就表示共同的许可。如果是在非正式场合，亲朋友好相聚聊天，一个人发言之前往往要用咳嗽一声或身体微微倾向听话人的动作来表示请求发言，这是用伴随语言作为起首语。[②] 如果其他人停止了谈话并一齐注视这位发出声响或动作的人，那就表示起首语已经生效，可以发言了。如果别人仍在继续谈话，或是眼睛并不转向这位要求发言的人，那么，起首语就算无效，这位要求发言的人就需要等待别人讲话告一段落时再作发言的请

---

① 陈松岑：“汉语招呼语的社会分布和发展趋势”，《语文建设》1988 第 4 期。

② 有关伴随语言的情况将在后面专门介绍。

求。通常情况下，打断别人的谈话，特别是抢着发言是不礼貌的。如果必须插话，则应该明确地提出："对不起，我打断你一下"或是"请原谅，我插一句好吗？"得到讲话人的允许表示之后（如点头或只是把未讲完的话中途停顿）再正式发言。这类起首语也没有固定的词句，总的目的是尊重对方、请求对方给予自己发言权。第二种口头的起首语是对听话人有别的要求（指请求给予发言权以外的请求），比如请他让开，请求他帮助自己等等。这一类的起首语一般都有两个部分，一部分是称呼对方，一部分是"对不起"、"请原谅"、"劳驾"、"借光"之类的固定词语。比如在北京话中应该说"同志，对不起，请你让开一点！""大妈，劳您驾，到北海坐几路电车呀？"上海话中，惯常用"对勿起"，有的方言则多用"借光"和对听话人的称呼构成这类起首语。为什么要先向听话人道歉再提出自己的请求呢？主要是为了表明自己的请求可能给对方增添了麻烦，所以事先表示歉意。使用这种起首语是体贴、尊重听话人的表现。

有的场合中，交谈者需要彼此作进一步的了解，比如互通姓名、籍贯，乃至询问对方的职业和其他情况。在我国的传统中，起首语还包括了一整套这类的问答格式："贵姓？"，"免贵，敝姓×，您贵姓？"，"府上是……"，"您在哪儿工作？"，"贵庚多少？"等等。解放以来，这一类起首语已经很少听到了。除了少数特殊情况外，一般初识者不会询问对方的年龄。但在某些社交场合，陌生者碰到一起，互通姓名、籍贯，乃至询问职业还是比较常见的。上面谈的都是交谈双方面对面的情况，如果是在电话中交谈，情况又有一些不同。应该以"喂，您是哪一位?"作为起首语,不能拿起话筒就问"你是谁?"。不同的民族对于陌生人交谈的内容有习惯上的区别。汉族人可以按照上面讲的情况进行交谈,而在英、美等现代资本主义社会中,打听对方的年龄(特别是对一位妇女)是极其失礼的行为。但在汉族社会,如果听话人是老人或儿童,询问他们的年龄反而是关心和爱抚的表现。

口头上的结束语比口头上的起首语使用频率要小一些,因为有一些交际过程并不需要特殊的结束语。只有在正式的会议上发言、作报告时,才需要以"我的话完了"或"谢谢大家"作为结束语。

起首语和结束语标志谈话的开始和结束,并不是虚伪的客套。它表现了说话人对听者的尊重。开始一次谈话和进入别人的住所一样,理应得到对方的允许。结束谈话好比离开别人的住所,也要打个招呼。如果没有起首语就突兀地发言,显得旁若无人。如果一次正式的发言结束时没有结束语又会使别人弄不清你是否已经讲完了,其他的人是否可以发言,所以都是不够尊重他人的失礼行为。

2. 书面的起首语和结束语。这类词语用得最多的是书信。汉语传统中书信的起首语和结束语花样繁多:比如子女给父母的信,起首语是"父母亲大人膝下敬禀者",简单一点也要写成"父母亲大人膝前"。至于朋友、同事、同学、上下级之间的书信,起首语又各不相同。比如著名的《李陵答苏武书》是平等的同事之间的书信,起首语是"子卿足下",称呼苏武的字,再加"足下"表示尊敬。韩愈给工部尚书于頔的信是下级对上级说话,所以起首语是"七月三日将仕郎守国子四门博士韩愈谨奉书尚书阁下”。这种起首语在写信的日期后先写写信人的官职名字，然后再写收信人的官职并加尊称“阁下”是最为正式、恭敬的写法。如果写信人与收信人之间是长辈与晚辈、年长者与年幼者的关系，起首语就由收信人的名字和称谓组成。比如父对子是“××吾儿”，兄对弟是“××吾弟”，也可以在这些称谓之后再加“如晤”“见谕”等词。在现代社会中，这类起首语已没有人用了，一般都是在收信人的名字后面加称谓或是直书收信人的名字，或是只写称谓不写名字。如“××同志”，“××同学”，“大哥”，“二妹”，“××”。如果收信人是上级、是非亲属的上一辈熟人，那就应该和当面称呼他们一样，把起首语写成“王老师、张叔叔、徐师傅”等。只有对晚辈人、对熟悉的平辈人才可只写名字，不加任何称谓。由于受外语的影响，现在也有不少人在称谓之前加“尊敬的”、“敬爱的”、“亲爱的”一类形容词。

书信往来中的结束语过去也十分复杂，要按照写信人和收信人的关系，收信人的职业、性别，写信的季节时令乃至信件主要内容而有不同。比如晚辈对长辈要用“叩请(恭请、敬请)金安、大安、福安……”为结束，如果收信人是女性，则用“慈安”。平辈人通信，则在“此请、即请、顺请或此颂、即颂、顺颂”的后面按收信人的社会身份、职业性质分别加上“公安、台安、钧安、文安、道安、学安、教安、撰安、财安……”等字样。如果对方是女性，还有人写“妆安、闺安”的。如果收信人是夫妇二人，则应写为“俪安”。如果对方正在旅途之中，可以写为“旅安”。上述各种“安”也可换成“祺”、“祉”、“绥”，分别写成“文祺、教祺、学祉、闺祉、公绥、台绥……”等。也可以依写信时的季节分别以“春安、夏安、秋安、冬安、年禧、节安”等为结束语。如果收信人正在生病，还可用“痊安”构成结束语。解放以来，书信的结束语已大大简化，没有这许多讲究了。在非亲属成员之间的书信中，一度普遍以“此致敬礼”作为结束语，如果是党内工作事务的来往信件，往往用“此致布礼”作为结束语，意思是“向你致以布尔什维克的敬礼”。现在除了正式的工作信件之外，私人书信中用得最多的是“敬祝（此祝、即祝）愉快（健康、进步）”之类。如果收信人是权势关系中较高的一方，只能用“敬祝”，如果收信人是权势较低的一方，或双方存在一致关系，则可以用“此祝”、“即祝”。通信双方关系越是密切，祝愿的内容也越是具体。从“学习进步、工作顺利”到“春节愉快”、“新婚幸福”、“早日恢复健康”、“旅途平安”都可以。知识分子中，部分年纪较大的人还保留了“×颂、×安、×祺”的用法。有少数人对书面上的这类结束语的含义和用法不太清楚，竟然出现了“此致愉快”的写法，在文理上是不通的。在旧的书信格式中，信末还须写上自己在双方关系中所处的地位的名称，然后再写上自己的名字。比如“学生×××”、“弟××”。在现代的书信中，给长辈或不熟悉的平辈人写信时，也应该署明“侄××”、“您的学生×××”，只有长辈对晚辈、上级对下属，才可以直接写成“母字”、“叔书”或只写姓名“×××”。

除此之外，为了向收信人介绍、推荐某个人，或是请求收信人办某事而需写一封介绍信或便条时，有一种比较固定的结束语，这就是“请予（关照、接洽、联系……）为感（为荷）”。“为感”的意思是“我非常感谢”，而“为荷”则是说“我承受您的恩惠”。

与此有关的是信封的写法。比较常见的错误写法有两种(这里所说的错误都只是就礼貌方面而言):一种是对收信人不够礼貌,信封上直书收信人的姓名而不加任何称呼,如“王建军收”或“张兰英启”。造成这一错误写法的原因是写信人不了解信封上的称呼主要是写给送信人看的,不能从写信人和收信人的关系出发来直呼其名。另一种错误是写成“×××父收”或“××姐启”。造成错误的原因和上面讲的一样,但结果是对送信人不够礼貌,因为他不能称收信人为父亲或姐姐。如果是请别人顺便给自己的亲友、熟人带信,信封的写法又是另一种格式。除了收信人姓名后的称呼和平常书信同样写法以外,应该在收信人地址的上一行写上“请带交”或“烦请带交”或“敬请带交”。这三个词组一个比一个更为客气、恭敬,选择哪一个要看写信人和带信人的关系。如果带信人和写信人并不熟悉,或者带信人是写信人的长辈、上级,那就应该选择后两种词语。如果收信人同时又是带信人的长辈、上级,那么,就应该写成“请呈”、“烦请呈”或“敬请呈”。这些词组中的“请”、“烦请”、“敬请”是写信人针对带信人的;而其中的“交”或“呈”则是写信人、带信人共同针对收信人的,不可混淆弄错。请人直接带交的信在信封上一般可以不写寄信人的地址,而写上写信人的姓(或姓名),后面再加上“托”或“敬托”。显而易见,这是写信人针对带信人的词语,可以根据两人关系选择二者之一。根据汉族的传统礼节,托人带信时,信封不应封口,这是对带信人表示信任的表现。而带信人除非有写信人的主动要求,也不应该阅读别人托带的信。不过,近年来，这种礼节要求已不那么严格，把信封好后再请人捎带，一般也不致使带信人不快。

三、告别词语

告别词语与结束语不同，它不是表明一次交谈的结束，而是表明一次交际过程的结束，往往有较固定的格式。它多用于一次聚会或访问的结束。也可说是一种特殊的结束语。告别词语和招呼词语一样富有民族性和地方色彩。比如，西方社会普遍流行比较正式的"Good bye"、"See you again"（都是再见的意思）和比较随便的"bye bye"，而我国常用的告别语大体上可以分为三种：

第一种是一次拜访结束时主、客双方所用的词语。按照我国的习惯，主人应起身送客。如果主客之间是权势关系，主人又是权势较低的一方，送客应送远一点，至少要送出大门。如果主人是权势较高的一方或主客间是一致关系，主人也应起身相送，送的距离可短一点。主人常以"慢走"、"请慢走"、"有空请来玩"之类的话告别，客人则回以"别送了"、"请留步"为告别语。如果主客双方关系比较密切，主人还可能请客人代为问候他的家人。

第二种是比较熟悉的亲友在路上或其他公共场所相遇，交谈后分开时，双方都可能以"有空了上我那儿去！"、"代问你家里人好！"作为告别语。

第三种是简短的"再见"，它多用于关系不太密切或是初识的人之间，也可附加在上两类告别语之后，这是一种最新式的告别语。近年来也有不少青年以更简短的"bye bye"作为告别语,它显然是西方文化的影响。正因为如此,它常常只用于平辈的同地位的人当中,除了幼儿之外,很少有人用它向长辈告别。

汉语的告别语同样反映了汉族的风俗习惯。比如上面讲到的第一种告别语就不大可能出现在英、美等社会中。因为在那些社会里,时间就是金钱,人人分秒必争。亲友之间,除了常例的圣诞节、复活节之类大型节日外,很少有人不经事先约定就去串门。所以,主人既不会发出没有具体日期的“下次再来”、“有空来玩”的邀请,也不会出门送客。在这种情况下,客人当然也不会用“请留步”作为告别语。而“Good bye”、“bye bye”的通用也正如“Good morning”和“Hallo”的通用一样,反映了西方社会中人际关系比较疏远的特点。汉语的告别语恰好说明汉族社会重视亲友,小社群内关系比较紧密。

四、请求、感谢和道歉词语

有礼貌地要求听话人干某件事,做某种动作叫做请求。在汉语中,普遍用“请”这个词来表达请求的意思。但是在长期的使用过程中,“请”既可以单独当动词用,表示“请求”;也可以和许多其他的词构成意义上很不相同的礼貌词语。下面从它们的语义结构上分别加以介绍。

1.“请”单独作动词,可以表达多种意义。比如在“请客”、“请医生”、“请他来”这些词语中,“请”分别表达“款待”、“找”、“叫”的意义,同时附有尊敬的色彩。如果在“请”的前面添加不同的修饰词,比如“邀请”、“聘请”、“约请”、“催请”等等,则除了表尊敬之外,还分别表明了不同性质的“请”。

2."请"做敬辞用,加在动词前面。动词代表说话人期待听话人做的动作或行为。比如"请坐、请吃、请稍候"等。动词后可带宾语或补足语,如"请留步"、"请节哀"、"请保重"。有时,还可以在"请"的前面再加一个副词,构成"敬请光临"这种格式,它就比"请光临"更为客气。这些表请求的礼貌词语都略去了指称听话人的代词。如果动词后的宾语由多个词组成,我们往往把略去的第二人称代词补上,这样会显得更郑重一些。比如可以说:"请您准时出席","请您把姓名填在这张卡片上"等等。

3."请"和某些动词、名词、形容词共同凝炼成固定词组或复合词,其具体含义更加复杂,不能用每个组成部分的意义简单相加而得。特别需要注意这些词组或复合词的动作施事与受事。比如"请安"是说话人向听话人表示问候,因此应该说"给您请安";"请教"是说话人向听话人请求指教,所以应该说"向您请教";"请罪"也是表示说话人自认为做了对不起听话人的事,主动向听话人道歉并请求听话人处分自己,所以也要说"向您请罪";结构与此类似的还有"请假"、"请示"、"请愿"等等。而"请便"是说话人请求听话人随自己的意愿行动、行动的施事是听话人,所以可直接说:"您请便!"。"请问"一词中"问"的施事是说话人,一般情况下可以略去第一人称代词而直接对听话人讲:"请问到西单怎么走?"如果想使语气更为郑重,恭敬,就可以把动词后的受事宾语补足,说成:"请问您到西单怎么走?"

从上面的简略介绍中可以看出:汉语中的"请"并不能简单地对应于英语中的"please",后者在许多场合仅仅表达一种客气的语气，没有汉语“请”这个词所包含的那么多具体的意义。

在汉语中，表示感谢的词语也很多。最常用的是“谢谢”，大体上相当于英语的“Thank you”。有时，为了表示感谢的程度，往往在它的前面加上一些副词，构成“太谢谢了”、“十分感谢”、“很感激”一类词语。有时，感谢的内容是对方为自己做了某件事，那就可以改为说“麻烦您啦”、“辛苦您啦”、“太麻烦您啦”。受到别人的感谢当然应该有礼貌地回答“不用谢”、“没关系”、“别客气”等。

有时，由于自己的缘故给别人造成某种不快，甚至损失或伤害，需要向对方表示自己的歉意。通用的汉语道歉词语是“对不起”、“抱歉”。如果歉意较深，则应该说“十分对不起”、“十分抱歉”、“真是过意不去”等。

除了上面所讲的请求、感谢、道歉词语之外，人们在日常生活中还可能有互相馈赠礼物，交换纪念品等交往。伴随这类活动也有一些格式比较固定的礼貌词语。比如赠送礼物时可以用口头说或书写便条的方式表明“请笑纳”或“敬请笑纳”，意思是“礼物很不像样子，让您见笑了，但还是恳请您收下吧”。如果礼物是本册、相片等一类纪念品，那就应该在本册的扉页或相片的背面写上“××惠存”或“××留念”，下面再写上自己的名字或姓名以及“赠”或“敬赠”。如果是送给对方一件自己的作品（一本书、一幅画、一支曲子等）则应在书的扉页、画的边角处、曲谱前面写上“××指正（教正、正之）”。这些书面上的题字中对听话人的称呼和自称应该基本和口语中一致。

伴随性语言成分的使用

一、什么是伴随性语言

在本书的开头，我们已经谈到过现实生活中的话语并不是理想环境中理想说话人的语言模式，而是具体的、并带有模式系统中所没有的许多语音、语义成分。这些被排除在模式系统之外的语音、语义成分中，有相当大一部分是语言实现其交际工具的作用所不可缺少的。由于这些附加成分不能归入传统的音位系统、语义系统，而它们又经常伴随语言的词语成分出现在话语中，有的语言学家就把它们称为伴随性语言(paralanguage)。

伴随性语言可以辅助、甚至部分地代替词语成分完成语言的交际使命。有人把伴随语言分为两类：

1. 以声音为物质外壳的非词语成分。比如人们在说话时发出的各种不同的笑声、呻吟声、叹息声；说话时的嗓音：是颤抖还是嘶哑，是耳语还是咆哮，是结结巴巴还是流畅无阻……

2. 作用于视觉感官的说话人的仪表与姿态。其中又可区分为两小类：

第一类是动态成分。比如人们说话时的点头、摇头、微笑、皱眉、瞪眼、撇嘴、耸肩和招手、挥动帽子之类。

第二类是静态成分。比如凝视，表情木然，正襟危坐或跷着二郎腿，匍匐在地或昂首向天等等。有人把说话人的穿着打扮也算在这一小类中。比如男子是西装革履还是长袍马褂；妇女是穿的连衣裙还是旗袍；穿着整齐考究还是随便邋遢；男同志是否刮了胡子，女同志是否化了妆等等。

部分语言学家只承认第一大类是伴随性语言成分（有人又把它们称为副语言或类语言），主要根据是“语言”应该是由音、义结合的符号组成的系统，只有第一类伴随性语言成分才勉强够得上这个条件。还有一些语言学家则认为“语言”主要是一种交际工具，上述两大类成分都是伴随语言的词语成分一起完成交际使命的，在某些特殊情况下，它们甚至可能比词语成分更能表达说话人的真实思想感情。所以它们都应该归入伴随性语言成分之列。比如一位母亲微笑着骂她的孩子“真讨厌”时，温柔的微笑完全淹没了“讨厌”这个语词的真实含义而传达了爱抚的感情。如果一面说“你快走吧”一面又向听话人摆手，那就表明话语是说给某个不在现场的第三者听的，摆手叫听话人别走才是说话人的真实意图。

我们比较倾向于后一种看法，所以可以把日常使用着的语言区分为词语语言和伴随性语言两部分。本书前面谈的都是有关词语语言成分的，这一部分将着重讨论如何使用伴随性语言成分。

二、伴随性语言的特点

伴随性语言一部分来源于人类生而具有的对外界刺激的反应：比如高兴时露出笑容甚至发出笑声；愁苦悲哀时皱眉、

叹息、呻吟乃至哭泣、呼号;惊讶时张目结舌;恐惧时战栗;激动、愤怒时说话声音高而且重;忧愁、犹豫时声音低而且慢等等。另一部分伴随性语言成分完全是特定社群中约定俗成的表义手段。比如有的民族用点头表示同意,有的民族则用摇头表示同意。无论是对外界刺激的本能反应还是特定社群约定俗成的表义手段,伴随性语言成分都具有极强的民族特点。因为即使是本能的反应,由于它传达了说话人的某种思想感情,从而就给人们有意识地利用它们作为交际手段提供了可能。有时,人们甚至可以利用它作为一种伪装:在并不悲哀时故作愁苦之容,并不高兴时装出一副笑脸。这样一来,原本是人类本能的反应也成了约定俗成的伴随语言成分。例如在我国西南山区的一些农村中,旧时姑娘出嫁有"哭嫁"的风俗。在封建社会中,父母之命、媒妁之言的包办婚姻往往使一个将作新妇的姑娘对自己的未来怀有恐惧心理,因而用哭泣来表达对少女生活结束的悲哀和对未来命运的恐惧。这本来是一种感情的自然流露。但是到了后来,这种哭泣竟成了婚礼中不可缺少的一个部分,而且有了相对固定的曲调和词句。笔者幼年曾听过外婆模仿姑娘哭嫁,虽然词句内容是哀叹离家远行、难舍父母亲人,但曲调悠扬婉转,和唱歌一样动听。在这种风俗的约束下,即使有位姑娘得知自己嫁了一位如意郎君,内心高兴,也还是要当着众多宾客用手绢捂住脸面,故作悲伤地"哭"上一阵。反过来,在非洲的某些部落中,人们不仅在谈论自己新近死亡的妻、儿时面露笑容,连客人们在丧礼上也要表现得兴高采烈。原来,他们认为死亡是神的安排,如果对神的安排表示不乐意,就会招灾致祸。上面两个例子充分证明了在特定的社群中，哭和笑都可能不是真实感情的流露而含有特定的意义。所以正确使用伴随性语言成分必须以了解特定社群中有关伴随语言的特定含义为前提。

伴随性语言成分往往具有民族特点。比如有很多民族中，人们见面时表示友好的伴随语言成分是握手（在西方社会中，男子与妇女相遇，后者不先伸出手来，男子是不应该先伸出手去的）；美洲的毛利人则用互相碰鼻子来表示问候；生活在北极地区的因纽特人的某些部落中，朋友见面时，用拳头轻击对方头部是友好的表示；还有一些民族则以拥抱和接吻作为见面礼。大多数社会中，点头表示肯定，摇头表示否定；可是在埃塞俄比亚，把头扭向右肩表示否定，把头向后仰表示肯定；至于保加利亚人和我国的佤族，则用摇头表示肯定，点头表示否定。即使是同样用点头表示肯定的不同民族中，点头的方式也不尽相同。在西欧和美国，点头是从上到下的动作，而在地中海东部各民族中，普遍用从下到上的动作来点头，印度次大陆上，则是把头斜向摆动算是点头。同是招手表示召唤，有的民族手心向下，有的民族手心向上。

总之，正如一位外国语言学家所说的那样，我们用发音器官发声，但用整个身体来与人交谈。伴随性语言成分和词语语言成分二者相辅相成，共同构成一个完美的交际工具。从某种意义上说，如果不考虑伴随性语言成分，大部分口语都没法准确地加以理解。

三、伴随性语言的功能

伴随语言和词语语言一样，深受各种社会文化因素的影响。因此，要想掌握礼貌语言的规律，也应该了解在什么场合，为了什么目的，对什么人应当使用哪些伴随性语言成分，不允许使用哪些伴随性语言成分。下面将结合伴随性语言的四个主要功能来讨论这个问题。

1. 作为强调词语成分的手段。这一类伴随性语言成分并不是交际中必不可少的。这就是说，说话人要传达的信息基本上都由词语成分携带，伴随性语言成分加上去只是起一种强调的作用。比如，在大多数的语言社会中，面对面地互相招呼、问候时，一般都面带笑容。严格地说，“您好”这个由词语成分构成的招呼语已经传达了问候的意义，微笑只不过加强说话人的善意。没有笑容的“您好”也是一种问候(比如在某个严肃、悲哀的场合)。又比如我们在回答别人提出的某个问题时，可以说：“对”、“是”、“可以”并辅之以点头；或是说“不是”、“不对”、“不行”并辅之以摇头或摆手。如果没有点头、摇头、摆手等伴随语言成分，上述词语已足够表明我们肯定或否定的态度，伴随性语言成分只是起了加强它们的作用。这类伴随性语言成分往往是一种本能的反应，或是通过社会约定俗成之后，人们在掌握词语语言的过程中，通过观察、模仿，习以为常，在说话时不自觉地表现出来的，一般不需要特别的注意和斟酌。

2. 在使用词语成分有困难的情况下，作为词语成分的替代物。使用这类伴随性语言成分的前提常常是交谈双方之间有一段距离，用词语成分交谈难以听清，于是就把上一类强调性的伴随语言成分作为它所伴随的词语成分的替代物。比如在远处向一位熟人表示问候，可以向他微笑，点头，挥动帽子或手绢等；要想呼唤一个站在远处的人到跟前来时，向他招手。这类伴随性语言成分的含义也是比较明显的，只要有使用它们的前提条件，人们就会很自然地使用它们。

3. 传达某些不愿用词语成分直接说出来的信息。这类伴随性语言成分最为微妙，使用起来需要特别慎重。比如，耳语是专为述说某些只能让听话人知道、不愿或不能让第三者与闻的话语的一种说话方式。如果在一般场合，当着交谈双方都相识的第三者，采用耳语交谈就等于向第三者表示："这些话不需要你听，请你走开！"因此，这是一种极不礼貌的行为。但是，如果在某些公共场所，比如会议或演出进行期间，或是在十分拥挤的车、船、码头、车站上，为了不打扰其他的人，对身边的听话人讲话时，采用耳语却是体贴、尊重群众的表现。相反，在这些地方，如果旁若无人地大声说笑则是不顾他人、唯我独尊的傲慢行为。不过，耳语方式必须在交谈双方相距很近的情况下才能采用，而交谈双方距离的远近又往往是说话人态度郑重还是随便、客气还是亲密的一种标志。所以，对上级、陌生人、异性都不适于采取耳语方式。又比如，听人讲话时可以一面听，一面轻微地点头或摇头表明对话语内容的赞成或反对，这种轻微的动作比用词语成分去打断对方的话更有礼貌。还有，西方人常常用耸肩、撇嘴、摊开两手表示"不行、没办法、不知道"等意义；我们也常用食指伸直放近嘴唇表示"请安静"；挑高眉毛表示惊讶；把注视说话人的目光移开则表示对他的话语不感兴趣。这一类伴随性语言成分大多用在非正式场合中比较熟的交谈者之间（只有点头、摇头也可以用于别的场合）。晚辈对长辈、下属对上级、互不熟悉的交谈者之间要尽量少用。这是因为词语成分携带的信息更为准确，因此，使用词语成分表明说话人对话题的重视和听话人的尊重。比如一位顾客询问售货员有无某种商品时，售货员若是不置一词地光摇摇头，就不如说一声“没有”有礼貌。如果再加上一声“对不起”或“请您到别家看看”就显得对顾客十分体贴、关心。又比如，顾客把坏的电视机抱到修理部要求修理时，店员打开机壳一看，已经坏得不能修了。如果这位店员只是耸肩、摊手表示“无能为力”也不如说“对不起，没法修好了”使顾客更容易接受。

4. 作为交谈者对一次交谈本身是否重视的标志。交谈者对交谈本身的态度不仅是对话题内容的态度，也表现了对谈话的对方是否尊重。这种态度往往通过伴随性语言成分表达出来。能够标志说话人态度的伴随性语言成分有说话人的仪容举止，穿着打扮以及谈话时身体的姿势，说话的音量、速度、与听话人的空间距离等等。一般说来，在正式的、严肃的场合，比如正式会议、业务谈判、工作联系、教学、追悼会等，穿着应该整洁、朴素，举止要慢，动作应轻，说话声音要低一些，尽量不作或少作摆动幅度大的手势，避免笑出声来。特别是在追悼会一类悲哀的场合，衣服色调也应选择较深、较暗的，妇女不应化妆，也不应佩戴首饰，连招呼人的微笑都可以免去而只须略略颔首相视或握一下手就行了。正式场合中，无论是站着还是坐着，身体都应该端正。反过来，如果是在亲友团聚的非正式场合，或是在气氛欢快活泼的婚礼、寿宴、节日庆祝活动中，则可以穿着色调比较明快的衣物，妇女也可以化妆，佩戴首饰。在这些场合中，对说话时举止的快慢，声音的高低，要求也不那么严格，大体上以不妨碍别人为度。坐、立、行的姿势也可以随便一点。与人交谈时，双方身体应保持适当的距离，不能太远，也不可过近，以彼此可以听得见对方正常音量的讲话为准。有的语言学家发现：不同的民族对交谈双方的空间距离有不同的标准。比如，阿拉伯人要比英、美人近一些。按汉族的习惯，一般在一两米左右（当然还要看谈话的具体地点和交谈开始时双方所在的位置。比如，坐在火车上与邻座的初识者交谈，双方几乎没有什么空间距离）。特别是对长辈、上级、陌生人、异性，切忌坐、立得很近地说话。距离过远表现了说话人态度倨傲，距离过近又嫌不够庄重。另外，对长辈、上级说话，不应该有过多、过大的身势、手势，更不应以手拍打对方的身体。因为这些伴随性语言成分都是随便、亲昵的表现。一个人即使不说话也会以一种特定的姿势坐着、站着、走着等等，这些姿势往往也有特定的含义。比如，有的人一坐下就喜欢跷着二郎腿，这是一种随便的姿态，不适用于正式场合。还有人习惯于坐着不停地抖动小腿，也是轻佻、不礼貌的表现。有的人往往以一条腿为支点站立，全身歪斜，也不适用于正式场合。我国古代要求一个人"立如松，坐如钟"。这就是说"站"要自然直立如挺拔的苍松，"坐"要端正不动如巍然的铜钟。当然，这只是一种比喻，并不是真的要求人们站得笔直像士兵立正，坐得纹丝不动而呆若木鸡。我们应该提倡既端庄又自然的坐、立姿势，它不但是礼貌的要求，也是保持身体健康的需要。与人交谈时眼睛平视对方表示注意力集中，是重视交谈、尊重对方的表现。不应上下左右地打量对方，对于异性交谈者，这样作更是极其无礼的表现。但是，交谈时眼睛不看对方则表明对这次交谈以及交谈者都不重视。如果在交谈的过程中，长时间地凝视别的地方就会给人以漫不经心的印象。我国旧的传统对于笑也有很严格的规矩，“不苟言笑”被看成是一个人具有认真、负责精神的表现。对于妇女，更是要求她们“行不露趾，笑不露齿”。这就是说，妇女只许微笑而不许张口大笑。现代社会中当然没有必要再去遵守上述清规戒律。但是，总的来说，除了在亲友间的非正式场合外，哈哈大笑常常是不大合适的。其所以如此，大体上有两方面的原因：一是在陌生人较多的公共场所，这种大笑有可能干扰了别人正在进行的交谈。二是我们不可能了解在场的每一个人当时的心境，如果只顾自己高兴而放声大笑，有可能正好与在场的某人不快或忧伤的心情发生冲突。所以，从强调尊重别人、体贴别人的礼貌出发，不应该在公共场所放声大笑。如果是在家庭成员或亲密的朋友之间，彼此都很了解，思想感情也具有更多的共同点，爽朗的大笑反而具有欢乐的感染力，不算是没有礼貌的表现。

总起来看，使用伴随性语言成分和使用词语成分一样，要随具体的交际环境、话题内容和交谈对象的不同区别对待。由于伴随性语言成分中有一部分并不是交际中不可缺少的，所以当与上级、长辈、陌生人在正式场合中交谈时就可以略去不用。即使要用，也应该选择其中速度慢、音量小、摆动幅度较小的声音和动作。在非正式的交际环境中，与平辈、同地位的熟人、亲友相处，伴随性语言成分的使用频率就高一些，也可以选用那些速度快、音量大、摆动幅度较大的声音和动作。

学习礼貌语言永无止境

前面我们就如何有礼貌地使用语言以及汉语中常用的礼貌词语等问题作了很粗略的介绍和分析。但是事实上有关这一问题的内容，我们也许只讨论了一半或甚至不到一半。这是因为不同的交际者在特定的交际场合、为了特定的目的、如何说话才算有礼貌几乎是举不胜举的。比如前面讨论过的招呼语是仅仅就两个相识者分开一段时间以后再遇时的某一种情况而言。如果其中一个人正在为调动工作奔走，他的朋友和他见面后的招呼语可能就是"工作跑得怎么样了?"这一特定的招呼语比起一般的"吃了吗"、"上哪去"显然更多地表示了说话人对听话人的关心，因而也更有礼貌。又比如陌路相逢的生人，需要交谈，或是在特定的环境中仅仅是为了打破难堪的沉默而打招呼，其用语可以千变万化，毫无定规。比如说两个素不相识的人在一次徒步行路时突然遇到大雨，偶然地同时躲进了一个仅容两人藏身的小岩洞(换成别的处所也无不可，比如在一间小屋的屋檐下)避雨，"好大的雨"也许就是一句合情合理的招呼语。有一次，笔者清早到某医院挂号，天还未大亮，挂号窗前的长椅上只坐着笔者和另一位中年妇女。在这空荡荡的长廊中，我们两人都感到沉默压迫得人很不舒服，可是一时又找不出适当的话题。突然，这位中年妇女看到我脚上穿的凉鞋向我问道："您这双凉鞋是哪儿买的?"接下去我们就共同感慨起中老年人的衣物如何如何难买，沉默打破了，双方都感到呼吸也舒畅多了。我想，恐怕未必会有一本书把“好大的雨！”“您这双凉鞋是哪儿买的？”作为礼貌的招呼语一一列出来。可是上面举的这两个例子却的的确确说明了在特定情况下，几乎任何话语都有可能成为招呼语。其所以如此，关键是说出它们并不是为了传递或索要某个信息，而是为了表达说话人对听话人的友好态度和与听话人交谈的良好愿望。由此，我们可以进一步得出结论：说话是否合于礼貌，核心是能不能尊重、体谅他人。俗话说得好，“言为心声。”只有在思想感情上尊重、体谅他人，才会在言谈举止上合于礼貌。反过来，一个人如果自私自利、孤傲乖戾，即使熟读各种论述礼貌语言的书籍，甚至能背诵各种现成的礼貌词语，在待人接物时也不会使人感到和蔼友好。这种人即使出于某种目的，勉强违心地使用某些现成的礼貌词语，也会给人一种虚伪、做作的印象，让人很不舒服。当然，我们强调使用礼貌语言的关键在于思想感情上尊重、体谅他人，并不等于说有了这种思想感情，出口言语自然而然地完全合于礼貌。由于语言本身是一个系统，具有不同的时代、民族、方言等特点，礼貌语言又密切联系于各种社会历史因素，要使自己的语言合于礼貌还是要注意学习的。只是这种学习决不能局限于读几本讨论礼貌语言的小册子，甚至也不能满足于钻研几本语言学的专著（这些都是学习的内容之一，否则笔者也就没有必要写这本小册子了），最重要的还是在阅读这类小册子和专著的同时，在广泛的言语交谈实践中学习。应该仔细地观察体会分析各种话语实例，考虑它们的效果，从合于礼貌和没有礼貌正反两个方面进行对比，从而总结、归纳出一些规律来。这样，我们就能对这些规律运用自如，使自己的言谈更加有礼。如果有机会接触其他方言地区，其他民族的成员，更应该留心他们在礼貌语言方面和我们的异同。

总之一句话，回到我们在这本书开头的论述上去，建设精神文明主要靠加强思想教育。一个人有了“美德”才能有“美言”，德成于内而言形于外。让我们大家为培养共产主义的道德情操，树立现代汉语使用的礼貌规范而共同努力吧！